NÉKUIA

Coordenação de texto
Luiz Henrique Soares
Elen Durando

Preparação de texto
Rita Durando

Revisão de provas:
Luiz Henrique Soares

Projeto gráfico e capa:
Sergio Kon

Produção:
Ricardo W. Neves
Sergio Kon

MARCELO TÁPIA

NÉKUIA
[νεκυια]

UM DIÁLOGO
COM OS MORTOS

RECRIAÇÃO DO CANTO XI DA *ODISSEIA*
DE HOMERO, SEGUIDA DE ESTUDOS
SOBRE TRADUÇÃO POÉTICA

Dados Internacionais de Catalogação na Publicação (CIP)
(Câmara Brasileira do Livro, SP, Brasil)

T176n
    Tápia, Marcelo, 1954-
    Nékuia : um diálogo com os mortos / Marcelo Tápia. - 1. ed. - São Paulo : Perspectiva, 2021.
    176 p. ; 21 cm.

    Inclui bibliografia
    "Recriação do canto XI da *Odisseia* de Homero, seguidas de estudos sobre tradução poética"
    ISBN 978-65-5505-088-2

    1. Homero. Odisseia. 2. Poesia épica grega - História e crítica. 3. Poética. 4. Poesia - Traduções. I. Título. II. Série.

21-74641   CDD: 809.1
                                                           CDU: 82-1.09

Meri Gleice Rodrigues de Souza - Bibliotecária - CRB-7/6439
23/11/2021   25/11/2021

1ª edição

Direitos reservados à

EDITORA PERSPECTIVA LTDA.

Rua Augusta, 2445, cj. 1.
01413-100 São Paulo SP Brasil
Tel.: (11) 3885-8388

www.editoraperspectiva.com.br
2021

SUMÁRIO

9	Apresentação – *Jaa Torrano*
11	Introdução a um Mundo Estranho
19	"Odisseia", Canto XI: Uma Recriação
59	Sobre a Recriação do Canto XI da "Odisseia"
85	Tradução, Metáfora e Verdade: O Descenso de Odisseu ao Hades Como Referência Metafórica Para a Tradução Poética
129	Referências
	ANEXO:
137	Iliadeia: Um Périplo da "Ilíada" Traduzida no Brasil (Ensaio Ficcional)

APRESENTAÇÃO

Considerado poeta dos mais representativos de sua geração, Marcelo Tápia é também tradutor, crítico literário, promotor cultural e diretor de museu, e nessas atividades se revelou um mestre psicagógico capaz de despertar em seus ouvintes o que neles há de melhor, mas sobretudo se revelou o aedo capaz de reviver e de nos fazer ouvir hoje o canto em grego antigo dos sonoros versos hexâmetros de Homero.

Composto por este homérida de nosso tempo, o livro contém três seções interdependentes e solidárias: 1. a tradução poética em versos metrificados do Canto XI da *Odisseia*; 2. os estudos teóricos e críticos sobre os problemas tradutórios suscitados pela natureza da poesia épica e dos versos hexâmetros; e 3. o poema heroico-didático intitulado *Iliadeia*.

A presente tradução do canto XI da *Odisseia* constitui uma competente e talentosa exemplificação de uma concepção própria de como traduzir a épica grega em diálogo crítico com a tradição tradutória em língua portuguesa e com as poéticas e as práticas de tradução brasileiras contemporâneas.

Os estudos teóricos e críticos descrevem com lucidez e perspicácia, de modo exaustivo, o panorama das traduções brasileiras de Homero, a natureza da contribuição teórica e prática de cada um desses tradutores, os problemas técnicos implicados na tradução dos versos hexâmetros homéricos em português, e os problemas hermenêuticos suscitados pela diversidade linguística e cultural entre as línguas de partida e de chegada da tradução.

O poema heroico-didático *Iliadeia* constitui uma obra-prima única no gênero por revelar tanto rara virtuosidade métrica e poética quanto rara argúcia crítica e espírito didático.

Jaa Torrano

INTRODUÇÃO
A UM MUNDO ESTRANHO

> *Time of the plague.*
> *Lethal chamber.*
> *Ashes to ashes.*
> *Earth, fire, water.*
> *See your whole life in a flash.*[1]

Torno "versos" alguns excertos de um parágrafo do episódio "Hades" de *Ulysses*, de James Joyce, obra que reescreve parodicamente, para o século XX, a *Odisseia* de Homero. A atualidade não pode prescindir dos mundos que a antecederam, por mais estranhos que pareçam a ela, como o mundo mítico dos gregos, ou mesmo aquele da Dublin joyciana de 1904. A obra homérica não nos tem estado ausente ao longo da história, apesar da imensa distância cronológica e cultural: são incontáveis as traduções dos poemas épicos para os idiomas modernos, e muitas são as adaptações deles, assim como as obras que dialogam com Homero

---

1 Tempo de praga. / Câmara letal. / Do pó ao pó. / Terra, fogo, água. // Ver toda a sua vida num lampejo. (Linhas extraídas de *Ulysses*, de James Joyce, p. 145.)

por diversos modos de intertextualidade (sendo o romance de Joyce a mais celebrada da época contemporânea).

Entre tantos temas eternos potencialmente oriundos do universo épico, o da morte ocupa lugar destacado: a finitude do ser humano tanto é objeto recorrente no mundo mítico como na sociedade em que vivemos. No contexto homérico, contudo, foi dada a oportunidade ao herói Odisseu – e, também, no ambiente de Virgílio, a Enéias – de visitar o mundo dos mortos e retornar dele, algo que a nós, destituídos de dádivas, é vetado.

Assim, em *Ulysses*, ao homem comum Leopold Bloom, (anti-)herói peculiar de nossos dias banais, reserva-se apenas, como visita ao Hades, a ida ao cemitério Glasvenin na ocasião do funeral de seu amigo Dignam; mas, certamente, seus pensamentos, dados a conhecer ao leitor, entranhados na narrativa, nos fazem, de modo próprio, visitar o outro mundo:

> There is another world after death named hell. I do not like that other world she wrote. No more do I. Plenty to see and hear and feel yet. Feel live warm beings near you. Let them sleep in their maggoty beds. They are not going to get me this innings. Warm beds: warm fullblooded life.[2]
>
> Há um mundo após a morte chamado inferno. Não gosto desse outro mundonome, ela anotou. Eu tampouco. Muito ainda a ver, ouvir e sentir. Sentir seres quentes a seu lado. Deixe-os dormir em suas camas verminadas. Eles não vão me pegar agora. Camas quentes: vida todassangue quente.

O sangue quente é necessário para que as almas que estão no Hades ganhem, ao bebê-lo, força para se comunicarem. Odisseu busca saber de Tirésias o que lhe sucederá, oferece um sacrifício para dar sangue às almas; obtém o vaticínio, ainda que dúbio ao referir-se à sua morte. O Hades, para o herói grego, é o espaço para desvelar o futuro. No caso do herói troiano Eneias, também descendente de deuses, o mundo dos mortos será fonte do conhecimento a lhe ser transmitido por seu pai, a quem busca encontrar nos Campos Elísios, através dos Infernos. Dotado de qualidades que

---

[2] Ibidem, p. 146.

lhe permitiriam o acesso a esse mundo, Eneias reforça seu pedido à Sibila, sacerdotisa de Apolo, mencionando outros que conseguiram ir e voltar dos Infernos: Orfeu, Castor, Hércules e Teseu; a Sibila o previne:

> De origem divina,
> filho de Anquises, Troiano! Descer ao Averno é mui fácil:
> sempre está aberta de dia e de noite a porteira do Dite.
> Mas desandar o caminho e subir outra vez para o claro,
> em todo o ponto, o trabalho mais duro. Bem poucos, amados
> do grande Jove, ou os que ao céu se elevaram por mérito próprio,
> filhos de deuses, de fato o alcançaram. [...][3]

A visita ao mundo dos mortos revelará, também a Eneias, o seu futuro e o de Roma, a ser por ele fundada; atrela-se a essa viagem o acesso à atemporalidade. Como diz João Angelo Oliva Neto: "A atemporalidade do mundo das almas permite ao poeta, na voz de Anquises, pai de Eneias, elidir a diferença fundamental entre figuras míticas greco-latinas e personagens históricas romanas, de modo que o catálogo de personagens visitadas nos Infernos se torna coerente."[4]

Oliva Neto esclarece que "ao ouvir e contemplar em imagens poéticas o que amiúde presenciara, o público contemporâneo de Virgílio via seu próprio tempo integrado a todo o passado de Roma, e de certa forma, no poema, via-se a si mesmo como continuação de feitos gloriosos"[5]. Nossas visitas ao Hades, ao Averno ou aos Infernos, por meio do contato com o universo da tradição literária, dificilmente nos permitirão que vejamos a nós mesmos como "continuação de feitos gloriosos", a não ser pela própria via literária, que podemos tomar como um infinito oráculo capaz de revelar-nos nosso passado e nosso futuro. A realidade e a imaginação criadora, o existente e a ficção, ainda podem entrelaçar-se para a vivência do mundo.

Não à toa, Ezra Pound inicia seus cantos com uma tradução, por via latina, do Canto XI da *Odisseia*, no qual Odisseu visita o Hades, porta de entrada do autor e do leitor ao referencial poema moderno:

[3] Excerto do Canto VI da *Eneida* de Virgílio, p. 383.
[4] Ibidem, p. 369.
[5] Ibidem.

And then went down to the ship,
Set keel to breakers, forth on the godly sea, and
We set up mast and sail on that swart ship,
Bore sheep aboard her, and our bodies also
Heavy with weeping, and winds from sternward
Bore us out onward with bellying canvas,
Circe's this craft, the trim-coifed goddess.
Then sat we amidships, Wind jamming the tiller,
Thus with stretched sail, we went over sea till day's end,
Sun to his slumber, shadows o'er all the ocean,
Came we then to the bounds of deepest water,
To the Kimmerian lands [...][6]

E descemos então para o navio, e
Quilha contra as ondas, rumo ao mar divino, içamos
Mastro e vela sobre a nave negra,
Ovelhas a bordo, e também nossos corpos
Pesados de pranto, e os ventos da popa
Nos lançaram ao largo, as velas infladas,
Por arte de Circe, a de bela coifa.
Sentados no meio do barco, vento premindo o leme,
A todo o pano, singramos até o fim do dia.
Sol rumo ao sono, sombras sobre o oceano,
Chegamos ao limite da água mais funda,
[...][7]

No dizer de Donaldo Schüler, "a *Odisseia* nunca deixou de ser lida. Esteve nas mãos de Virgílio, de Camões, de Joyce, de Ezra Pound, de Guimarães Rosa, de García Márquez. Em momentos decisivos, a *Odisseia* abalou a literatura ocidental. Por que deixaríamos de lê-la agora?"[8] A transcendência do poético permite a revitalização do relato a cada "apropriação", seja tradutória, paródica ou, genericamente, por meio da intertextualidade, bem

6   Canto I, *The Cantos*, p. 3.
7   Tradução de Augusto de Campos, Haroldo de Campos e Décio Pignatari em E. Pound, ABC *da Literatura*, p. 163.
8   Trecho da Apresentação da *Odisseia* de Homero, tradução de Donaldo Schüler, p. 7.

como, ainda, por seus "ecos" em outras formas, gêneros ou linguagens. Mas, tratando-se de tradução propriamente dita ou, mais especificamente, de recriação poética do poema homérico – pois há inúmeras traduções em prosa da épica grega –, parece-me oportuno complementar, nesta breve apresentação, o exemplo da versão poundiana (e sua recriação em português) com alguns outros exemplos do mesmo fragmento em versões de outros tradutores brasileiros, a fim de ilustrar a diversidade de intenções e resultados próprios de um conjunto (sempre crescente, dado o interesse imorredouro por Homero) de traduções da mesma obra:

> Deitado ao mar divino o fresco lenho,
> Dentro as hóstias, o mastro e o pano armados,
> Em tristíssimas lágrimas partimos.
> Bom sócio, enfuna e sopra o vento em popa,
> Que invoca a deusa de anelado crino.
> Tudo a ponto, abancamo-nos entregues
> Às auras e ao piloto; sempre à vela,
> Sobre a tarde, os caminhos se obumbravam,
> E aos fins chegamos do profundo Oceano.[9]

> Quando chegamos à beira do mar e ao navio ligeiro,
> antes de tudo, arrastando-o, o metemos nas ondas divinas;
> mastro, depois, levantamos, e velas no negro navio,
> e ambas as reses pusemos a bordo; em seguida subimos,
> a derramar quentes lágrimas, entre suspiros magoados.
> Por trás de nosso navio de proa anegrada mandou-nos
> Circe, de tranças bem-feitas, canora e terrível deidade,
> vento propício, que as velas enfuna, excelente companha.
> Dos apetrechos, então, do navio, sem falha cuidamos,
> e nos sentamos na nave, que o vento e o piloto dirigem.
> O dia inteiro, com vela enfunada, no mar navegamos;
> e, quando o Sol se deitou e as estradas a sombra cobria,
> eis-nos chegados ao termo do Oceano de funda corrente.[10]

9 HOMOM, p. 203.
10 HOCAN, p. 189-190.

Foi assim que baixamos para a nau, mirando
o mar; antes, porém, lançamos o navio
ao sacro sal aquoso, o mastro e as velas todas
fazendo arborescer no barco escuro; então,
embarcamos carneiros e ovelhas. Subimos
a bordo, corações-cortados, todo-lágrimas.
Um vento enfuna-velas, favorável, ótimo
sócio, a deusa de belas-tranças, poderosa,
claravoz, Circe, envia-nos, impulso à nau
de proa azul-cianuro. Após os faticosos
aprestos, nos sentamos, o piloto ao leme.
Transnavegamos, velas pandas, todo o dia.
O sol no ocaso, tudo escureceu: confins
do oceano fundo-fluente [...][11]

Chegados ao navio, nossa primeira providência
foi arrastá-lo para as divinas águas salgadas.
Firmado o mastro, içamos a vela. Embarcadas
as ovelhas, subimos. Estávamos tristes. Lágrimas
não paravam de correr. Para nosso bem, Circe,
de belos cabelos e de celeste canto, enviou
o vento que nos impelia. Ao ímpeto do aéreo
companheiro a vela da negra nau se enfunava.
Tudo preparado, cada um tomou o seu lugar.
Confiamos a rota ao sopro e ao piloto. O barco, de
vela desfraldada, cortou o mar o dia todo. Quando,
com o pôr do sol, obscureceram-se todas as vias,
alcançamos o extremo do Oceano de profundas
correntes. [...][12]

Quando nos deparamos com a nave e o mar,
tratamos de entregá-la às ôndulas brilhantes;

[11] *Odisseia: Fragmentos*, p. 25.
[12] HODS, p. 179.

>no mastro infixo, erguemos os velames, pécoras
>a bordo e, entristecidos, nós também subimos,
>presas da floração do pranto. Atrás do barco
>de proa azul-cianuro, Circe, belas-tranças,
>canora deusa apavorante, enfuna as velas
>com ressopro favônio, fiável companheiro.
>Dispostas as enxárcias, todos nos sentamos,
>vento e piloto nos capitaneando. Pan-
>diurnas velas pandas, singramos o mar.
>Sol posto, as rotas todas turvam e aos confins
>chegamos do profundo caudaloso Oceano.[13]
>
>Após descermos à nau e ao mar,
>primeiro a puxamos até o divino oceano
>e dispusemos mastro e vela na negra nau;
>após as bestas pegar e pô-las a bordo, também nós
>subimos, angustiados, vertendo copiosas lágrimas.
>Para nós, detrás da nau proa-cobalto, soprava,
>nobre companheira, benigna brisa enche-vela, que enviara
>Circe belos-cachos, fera deusa de humana voz.
>Nós cuidamos de cada cordame na nau
>e sentamos, e vento e timoneiro a dirigiam.
>O dia todo ela singrou, a vela esticada.
>E o sol mergulhou, e todas as rotas escureciam;
>e ela chegou ao confim de Oceano fundas-correntes.[14]

Não incluí no elenco dessas traduções a minha própria, a fim de convidá-lo(a), leitor(a), a aventurar-se na leitura deste livro, que se inicia com a tradução do Canto XI, elaborada, em termos formais, com base numa proposta rítmico-métrica por mim formulada e já expressa em minha tese de doutorado. À tal base associaram-se concepções relativas ao modo de se traduzir poesia, de modo amplo e intemporal, e de se traduzir poesia

---

13 HOTV, p. 319.
14 HOCW, p. 315.

antiga, particularmente a poesia épica, buscando-se adotar procedimentos coerentes com tais concepções. Evidentemente, meu trabalho – para o qual tive o privilégio de contar com a consultoria e o acompanhamento constante de Jaa Torrano, meu mestre e supervisor no pós-doutorado em Letras Clássicas – é apenas mais uma entre as recriações desse canto homérico; é o resultado de minhas opções vocabulares, sintáticas e estéticas diante do original grego, como ocorre em todo e qualquer empreendimento dessa natureza. Espero que a leitura da tradução e, posteriormente, dos textos de reflexão sobre a obra traduzida, sobre o tema da visita ao mundo dos mortos e, finalmente, de um exercício livre de ensaio ficcional contribua de algum modo para o universo de referências memoráveis dos leitores, e que possa ser este conjunto um motivo de fruição à altura do empenho de tempo no percurso das páginas que o compõem.

NOTA: Utiliza-se, nesta edição, o texto grego disponível em *Perseus Digital Library* (www.perseus.tufts.edu), que reproduz o estabelecido desde *Homer: Odissey*, tradução de A. T. Murray (London/New York: William Heinemann:G. P. Putnam's Sons, 1919), conforme edição revista por George E. Dimock (Cambridge/London: Harvard University Press, 1998. Col. The Loeb Classical Library).

ODISSEIA
CANTO XI
UMA RECRIAÇÃO

ΟΔΥΣΣΕΙΑΣ Λ

"αὐτὰρ ἐπεί ῥ' ἐπὶ νῆα κατήλθομεν ἠδὲ θάλασσαν,
νῆα μὲν ἂρ πάμπρωτον ἐρύσσαμεν εἰς ἅλα δῖαν,
ἐν δ' ἱστὸν τιθέμεσθα καὶ ἱστία νηὶ μελαίνῃ,
ἐν δὲ τὰ μῆλα λαβόντες ἐβήσαμεν, ἂν δὲ καὶ αὐτοὶ
[5] βαίνομεν ἀχνύμενοι θαλερὸν κατὰ δάκρυ χέοντες.
ἡμῖν δ' αὖ κατόπισθε νεὸς κυανοπρῴροιο
ἴκμενον οὖρον ἵει πλησίστιον, ἐσθλὸν ἑταῖρον,
Κίρκη εὐπλόκαμος, δεινὴ θεὸς αὐδήεσσα.
ἡμεῖς δ' ὅπλα ἕκαστα πονησάμενοι κατὰ νῆα
[10] ἥμεθα: τὴν δ' ἄνεμός τε κυβερνήτης τ' ἴθυνε.
τῆς δὲ πανημερίης τέταθ' ἱστία ποντοπορούσης:
δύσετό τ' ἠέλιος σκιόωντό τε πᾶσαι ἀγυιαί.
ἡ δ' ἐς πείραθ' ἵκανε βαθυρρόου Ὠκεανοῖο.
ἔνθα δὲ Κιμμερίων ἀνδρῶν δῆμός τε πόλις τε,
[15] ἠέρι καὶ νεφέλῃ κεκαλυμμένοι: οὐδέ ποτ' αὐτοὺς
ἠέλιος φαέθων καταδέρκεται ἀκτίνεσσιν,
οὔθ' ὁπότ' ἂν στείχῃσι πρὸς οὐρανὸν ἀστερόεντα,
οὔθ' ὅτ' ἂν ἂψ ἐπὶ γαῖαν ἀπ' οὐρανόθεν προτράπηται,
ἀλλ' ἐπὶ νὺξ ὀλοὴ τέταται δειλοῖσι βροτοῖσι.

ODISSEIA, XI

"Quando, depois, descemos ao mar e ao navio,
primeiro ao mar divino a nau empurramos,
e dela, negra, o mastro e as velas erguemos;
levadas a bordo as ovelhas pegas, seguimos
[5] tristes, aflitos, vertendo lágrimas fartas.
Por trás da nau de escura proa, soprava
vento propício, bom companheiro, que nos enviara
Circe de belos cachos, temível deusa canora.
Após cuidarmos, com esforço, de cada apetrecho
[10] da nau, sentamos; o vento e o piloto a guiavam.
Por todo o dia ela singrou, com velas infladas.
Pôsto o sol, cobriam-se de sombra os caminhos;
a nau atinge o limite do oceano profundo.
Lá estão a cidade e o país dos cimérios,
[15] pelo véu das nuvens e das brumas envoltos:
Hélio radioso nunca sob si os vislumbra,
nem ao subir ao alto do céu estelante,
nem ao baixar, novamente, do céu para a terra:
estira-se a noite fatal sobre os pobres humanos.

[20] νῆα μὲν ἔνθ᾽ ἐλθόντες ἐκέλσαμεν, ἐκ δὲ τὰ μῆλα
εἱλόμεθ᾽: αὐτοὶ δ᾽ αὖτε παρὰ ῥόον Ὠκεανοῖο
ᾔομεν, ὄφρ᾽ ἐς χῶρον ἀφικόμεθ᾽, ὃν φράσε Κίρκη.
ἔνθ᾽ ἱερήια μὲν Περιμήδης Εὐρύλοχός τε
ἔσχον: ἐγὼ δ᾽ ἄορ ὀξὺ ἐρυσσάμενος παρὰ μηροῦ
[25] βόθρον ὄρυξ᾽ ὅσσον τε πυγούσιον ἔνθα καὶ ἔνθα,
ἀμφ᾽ αὐτῷ δὲ χοὴν χεόμην πᾶσιν νεκύεσσι,
πρῶτα μελικρήτῳ, μετέπειτα δὲ ἡδέι οἴνῳ,
τὸ τρίτον αὖθ᾽ ὕδατι: ἐπὶ δ᾽ ἄλφιτα λευκὰ πάλυνον.
πολλὰ δὲ γουνούμην νεκύων ἀμενηνὰ κάρηνα,
[30] ἐλθὼν εἰς Ἰθάκην στεῖραν βοῦν, ἥ τις ἀρίστη,
ῥέξειν ἐν μεγάροισι πυρήν τ᾽ ἐμπλησέμεν ἐσθλῶν,
Τειρεσίῃ δ᾽ ἀπάνευθεν ὄιν ἱερευσέμεν οἴῳ
παμμέλαν᾽, ὃς μήλοισι μεταπρέπει ἡμετέροισι.
τοὺς δ᾽ ἐπεὶ εὐχωλῇσι λιτῇσί τε, ἔθνεα νεκρῶν,
[35] ἐλλισάμην, τὰ δὲ μῆλα λαβὼν ἀπεδειροτόμησα
ἐς βόθρον, ῥέε δ᾽ αἷμα κελαινεφές: αἱ δ᾽ ἀγέροντο
ψυχαὶ ὑπὲξ Ἐρέβευς νεκύων κατατεθνηώτων.
νύμφαι τ᾽ ἠίθεοί τε πολύτλητοί τε γέροντες
παρθενικαί τ᾽ ἀταλαὶ νεοπενθέα θυμὸν ἔχουσαι,
[40] πολλοὶ δ᾽ οὐτάμενοι χαλκήρεσιν ἐγχείῃσιν,
ἄνδρες ἀρηίφατοι βεβροτωμένα τεύχε᾽ ἔχοντες:
οἳ πολλοὶ περὶ βόθρον ἐφοίτων ἄλλοθεν ἄλλος
θεσπεσίῃ ἰαχῇ: ἐμὲ δὲ χλωρὸν δέος ᾕρει.
δὴ τότ᾽ ἔπειθ᾽ ἑτάροισιν ἐποτρύνας ἐκέλευσα
[45] μῆλα, τὰ δὴ κατέκειτ᾽ ἐσφαγμένα νηλέι χαλκῷ,
δείραντας κατακῆαι, ἐπεύξασθαι δὲ θεοῖσιν,
ἰφθίμῳ τ᾽ Ἀΐδῃ καὶ ἐπαινῇ Περσεφονείῃ:
αὐτὸς δὲ ξίφος ὀξὺ ἐρυσσάμενος παρὰ μηροῦ
ἥμην, οὐδ᾽ εἴων νεκύων ἀμενηνὰ κάρηνα
[50] αἵματος ἆσσον ἴμεν, πρὶν Τειρεσίαο πυθέσθαι.
πρώτη δὲ ψυχὴ Ἐλπήνορος ἦλθεν ἑταίρου:
οὐ γάρ πω ἐτέθαπτο ὑπὸ χθονὸς εὐρυοδείης:
σῶμα γὰρ ἐν Κίρκης μεγάρῳ κατελείπομεν ἡμεῖς
ἄκλαυτον καὶ ἄθαπτον, ἐπεὶ πόνος ἄλλος ἔπειγε.

[20]   Aportado o navio, dele tiramos as reses;
          retomamos, então, as ondas do oceano bravio,
          até chegar ao local predito por Circe.
          Perímedes e Euríloco nossas cabras pegaram;
          e eu, sacando da coxa a aguda espada, um fosso
[25]   cavei, um côvado de lado a lado medindo,
          e em volta verti libações a todos os mortos:
          leite e mel a primeira, um doce vinho a segunda
          e água a terceira; espargi, então, alva farinha.
          Prometi às muitas cabeças ocas dos mortos
[30]   que, indo a Ítaca, em sacrifício daria
          o melhor novilho, fartando a pira de bens;
          mataria um carneiro apenas para Tirésias,
          negro de todo, distinto entre nossos rebanhos.
          Depois de preces e rogos enviados aos mortos,
[35]   agarrei os dois animais, degolando-os por sobre
          o fosso: seu sangue quente ensombrado escorria;
          almas subidas do Érebo em torno juntaram-se:
          jovens esposas e anciãos por demais padecidos,
          virgens tenras de corações recém-magoados,
[40]   muitos feridos por lanças brônzeas, varões
          abatidos por Ares, as armas tintas de sangue,
          tantos por todo lado a correr ante o fosso
          com muito rumor: fui tomado por lívido medo.
          Eu, então, depois de incitar os parceiros,
[45]   mandei que esfolassem as reses por mim degoladas
          e ambas logo queimassem, rogando às deidades,
          ao poderoso Hades e a Perséfone, torva;
          sacando da coxa a aguda espada, sentei-me
          e não deixei que as cabeças ocas dos mortos
[50]   o sangue alcançassem, antes que ouvisse Tirésias.
          Veio, primeiro, a alma de Elpenor, companheiro:
          ele não estava, ainda, sob a terra tão vasta,
          por termos deixado seu corpo no paço de Circe,
          insepulto e não-pranteado: novas dores urgiam.

[55] τὸν μὲν ἐγὼ δάκρυσα ἰδὼν ἐλέησά τε θυμῷ,
καί μιν φωνήσας ἔπεα πτερόεντα προσηύδων:
"Ἐλπῆνορ, πῶς ἦλθες ὑπὸ ζόφον ἠερόεντα;
ἔφθης πεζὸς ἰὼν ἢ ἐγὼ σὺν νηὶ μελαίνῃ."
'ὣς ἐφάμην, ὁ δέ μ' οἰμώξας ἠμείβετο μύθῳ:
[60] 'διογενὲς Λαερτιάδη, πολυμήχαν' Ὀδυσσεῦ,
ἆσέ με δαίμονος αἶσα κακὴ καὶ ἀθέσφατος οἶνος.
Κίρκης δ' ἐν μεγάρῳ καταλέγμενος οὐκ ἐνόησα
ἄψορρον καταβῆναι ἰὼν ἐς κλίμακα μακρήν,
ἀλλὰ καταντικρὺ τέγεος πέσον: ἐκ δέ μοι αὐχὴν
[65] ἀστραγάλων ἐάγη, ψυχὴ δ' Ἄϊδόσδε κατῆλθε.
νῦν δέ σε τῶν ὄπιθεν γουνάζομαι, οὐ παρεόντων,
πρός τ' ἀλόχου καὶ πατρός, ὅ σ' ἔτρεφε τυτθὸν ἐόντα,
Τηλεμάχου θ', ὃν μοῦνον ἐνὶ μεγάροισιν ἔλειπες:
οἶδα γὰρ ὡς ἐνθένδε κιὼν δόμου ἐξ Ἀίδαο
[70] νῆσον ἐς Αἰαίην σχήσεις εὐεργέα νῆα:
ἔνθα σ' ἔπειτα, ἄναξ, κέλομαι μνήσασθαι ἐμεῖο.
μή μ' ἄκλαυτον ἄθαπτον ἰὼν ὄπιθεν καταλείπειν
νοσφισθείς, μή τοί τι θεῶν μήνιμα γένωμαι,
ἀλλά με κακκῆαι σὺν τεύχεσιν, ἅσσα μοι ἔστιν,
[75] σῆμά τέ μοι χεῦαι πολιῆς ἐπὶ θινὶ θαλάσσης,
ἀνδρὸς δυστήνοιο καὶ ἐσσομένοισι πυθέσθαι.
ταῦτά τέ μοι τελέσαι πῆξαί τ' ἐπὶ τύμβῳ ἐρετμόν,
τῷ καὶ ζωὸς ἔρεσσον ἐὼν μετ' ἐμοῖς ἑτάροισιν.'
'ὣς ἔφατ', αὐτὰρ ἐγώ μιν ἀμειβόμενος προσέειπον:
[80] 'ταῦτά τοι, ὦ δύστηνε, τελευτήσω τε καὶ ἔρξω.'
'νῶι μὲν ὣς ἐπέεσσιν ἀμειβομένω στυγεροῖσιν
ἥμεθ', ἐγὼ μὲν ἄνευθεν ἐφ' αἵματι φάσγανον ἴσχων,
εἴδωλον δ' ἑτέρωθεν ἑταίρου πόλλ' ἀγόρευεν:
ἦλθε δ' ἐπὶ ψυχὴ μητρὸς κατατεθνηυίης,
[85] Αὐτολύκου θυγάτηρ μεγαλήτορος Ἀντίκλεια,
τὴν ζωὴν κατέλειπον ἰὼν εἰς Ἴλιον ἰρήν.
τὴν μὲν ἐγὼ δάκρυσα ἰδὼν ἐλέησά τε θυμῷ:
ἀλλ' οὐδ' ὣς εἴων προτέρην, πυκινόν περ ἀχεύων,
αἵματος ἆσσον ἴμεν, πρὶν Τειρεσίαο πυθέσθαι.

[55] Ao vê-lo irrompi em pranto, com piedade no íntimo,
e, falando, lancei-lhe as palavras aladas:
'Como, Elpenor, vieste à treva brumosa?
A pé chegaste antes de mim, que vim com a nau negra.'
Assim falei; lamentando-se, ele em resposta me disse:
[60] 'Divino Laercíada, Odisseu multiastuto,
afetou-me um mau nume, além do vinho inebriante:
deitado no quarto de Circe, não me dei conta
de usar a grande escada para descer...
caí direto do eirado: quebrei o pescoço,
[65] e minha alma, então, buscou o caminho do Hades.
Suplico-te pelos ausentes, que vivem no alto,
por tua esposa e por teu pai, que com zelo criou-te,
e por Telêmaco, filho que em casa deixaste;
sei que, para ires da morada de Hades
[70] à ilha Eéia, terás uma nau bem construída:
imploro-te, caro senhor, que de mim te recordes.
Não me deixes assim, não-pranteado e insepulto,
ao partires, para que os deuses não se ressintam;
mas queima-me junto a meus pertences e armas,
[75] e ergue-me um sepulcro na praia do mar pardacento,
lembrança de um infeliz varão, aos vindouros;
ao fim de tudo finca sobre a tumba o meu remo,
aquele que usava junto a meus companheiros.'
Assim falou, e eu, então, em resposta lhe disse:
[80] 'Tais coisas, oh infeliz, farei como queres.'
E assim, sentados, trocamos palavras soturnas;
de um lado, eu mantinha a espada sobre o sangue das reses,
e do outro, o espectro do companheiro falava deveras.
Então acercou-se a alma de minha mãe morta,
[85] Anticleia, filha do magnânimo Autólico,
que deixei viva ao partir para Ílio sagrada.
Ao vê-la, irrompi em pranto, apiedando-me no íntimo;
mesmo muito aflito, não deixei que chegasse
mais perto do sangue, antes que eu consultasse Tirésias.

[90] ἦλθε δ' ἐπὶ ψυχὴ Θηβαίου Τειρεσίαο
χρύσεον σκῆπτρον ἔχων, ἐμὲ δ' ἔγνω καὶ προσέειπεν:
'διογενὲς Λαερτιάδη, πολυμήχαν' Ὀδυσσεῦ,
τίπτ' αὖτ', ὦ δύστηνε, λιπὼν φάος ἠελίοιο
ἤλυθες, ὄφρα ἴδῃ νέκυας καὶ ἀτερπέα χῶρον;
[95] ἀλλ' ἀποχάζεο βόθρου, ἄπισχε δὲ φάσγανον ὀξύ,
αἵματος ὄφρα πίω καί τοι νημερτέα εἴπω.'
ὣς φάτ', ἐγὼ δ' ἀναχασσάμενος ξίφος ἀργυρόηλον
κουλεῷ ἐγκατέπηξ'. ὁ δ' ἐπεὶ πίεν αἷμα κελαινόν,
καὶ τότε δή μ' ἐπέεσσι προσηύδα μάντις ἀμύμων:
[100] 'νόστον δίζηαι μελιηδέα, φαίδιμ' Ὀδυσσεῦ:
τὸν δέ τοι ἀργαλέον θήσει θεός: οὐ γὰρ ὀΐω
λήσειν ἐννοσίγαιον, ὅ τοι κότον ἔνθετο θυμῷ
χωόμενος ὅτι οἱ υἱὸν φίλον ἐξαλάωσας.
ἀλλ' ἔτι μέν κε καὶ ὣς κακά περ πάσχοντες ἵκοισθε,
[105] αἴ κ' ἐθέλῃς σὸν θυμὸν ἐρυκακέειν καὶ ἑταίρων,
ὁππότε κε πρῶτον πελάσῃς ἐυεργέα νῆα
Θρινακίῃ νήσῳ, προφυγὼν ἰοειδέα πόντον,
βοσκομένας δ' εὕρητε βόας καὶ ἴφια μῆλα
Ἠελίου, ὃς πάντ' ἐφορᾷ καὶ πάντ' ἐπακούει.
[110] τὰς εἰ μέν κ' ἀσινέας ἐάᾳς νόστου τε μέδηαι,
καί κεν ἔτ' εἰς Ἰθάκην κακά περ πάσχοντες ἵκοισθε:
εἰ δέ κε σίνηαι, τότε τοι τεκμαίρομ' ὄλεθρον,
νηΐ τε καὶ ἑτάροις. αὐτὸς δ' εἴ πέρ κεν ἀλύξῃς,
ὀψὲ κακῶς νεῖαι, ὀλέσας ἄπο πάντας ἑταίρους,
[115] νηὸς ἐπ' ἀλλοτρίης: δήεις δ' ἐν πήματα οἴκῳ,
ἄνδρας ὑπερφιάλους, οἵ τοι βίοτον κατέδουσι
μνώμενοι ἀντιθέην ἄλοχον καὶ ἔδνα διδόντες.
ἀλλ' ἦ τοι κείνων γε βίας ἀποτίσεαι ἐλθών:
αὐτὰρ ἐπὴν μνηστῆρας ἐνὶ μεγάροισι τεοῖσι
[120] κτείνῃς ἠὲ δόλῳ ἢ ἀμφαδὸν ὀξέϊ χαλκῷ,
ἔρχεσθαι δὴ ἔπειτα λαβὼν ἐυῆρες ἐρετμόν,
εἰς ὅ κε τοὺς ἀφίκηαι οἳ οὐκ ἴσασι θάλασσαν
ἀνέρες, οὐδέ θ' ἅλεσσι μεμιγμένον εἶδαρ ἔδουσιν:
οὐδ' ἄρα τοί γ' ἴσασι νέας φοινικοπαρῄους

[90] Veio, então, a alma do tebano Tirésias
com seu áureo cetro; reconheceu-me e me disse:
'Divino Laercíada, Odisseu multiastuto,
por que, afinal, infeliz, deixando a luz de Hélio,
vieste ver os mortos e este lugar desprazível?
[95] Mas te afasta do fosso e desvia tua espada afiada
para que o sangue eu beba e te fale sem erro.'
Assim disse, e eu, recolhendo a espada cravada de prata
na bainha a enfiei; após beber o sangue anegrado,
estas palavras falou-me o vate impecável:
[100] 'Buscas, glorioso Odisseu, a volta melíflua,
mas o deus a fará dolorosa a ti, pois não creio
que passes alheio ao treme-terra, que te tem ódio
no íntimo, irado porque lhe cegaste o filho querido.
Mas ainda assim, apesar dos males, vós chegaríeis,
[105] caso queiras conter o teu ânimo e o dos companheiros,
quando primeiro acercares a nau bem construída
da ilha Trinácia, depois de escapares do mar violáceo,
e encontrardes no pasto as vacas e as fortes ovelhas
de Hélio, o que tudo vê, o que tudo ouve.
[110] Se as deixares incólumes e do retorno cuidares,
Ítaca alcançaríeis, ainda que maltratados;
mas se as lesares, então te anuncio a perda
da nau e dos companheiros. E se tu próprio escapares,
tarde, e mal, voltarás, perdidos todos os outros,
[115] em nau alheia: acharás em casa infortúnios
e varões insolentes, que te devoram os víveres,
cortejando a esposa sublime, e dando-lhe dotes.
Mas punirás a violência deles quando chegares.
E ao matares os pretendentes em teu palácio,
[120] o que farás por ardil ou às claras, com teu bronze agudo,
pega, então, um remo de bom feitio e segue,
até que encontres os homens que o mar não conhecem,
nem comem com sal misturada a sua comida;
tampouco sabem das naus de flancos vermelhos,

[125] οὐδ' εὐήρε' ἐρετμά, τά τε πτερὰ νηυσὶ πέλονται.
σῆμα δέ τοι ἐρέω μάλ' ἀριφραδές, οὐδέ σε λήσει:
ὁππότε κεν δή τοι συμβλήμενος ἄλλος ὁδίτης
φήῃ ἀθηρηλοιγὸν ἔχειν ἀνὰ φαιδίμῳ ὤμῳ,
καὶ τότε δὴ γαίῃ πήξας εὐῆρες ἐρετμόν,
[130] ῥέξας ἱερὰ καλὰ Ποσειδάωνι ἄνακτι,
ἀρνειὸν ταῦρόν τε συῶν τ' ἐπιβήτορα κάπρον,
οἴκαδ' ἀποστείχειν ἔρδειν θ' ἱερὰς ἑκατόμβας
ἀθανάτοισι θεοῖσι, τοὶ οὐρανὸν εὐρὺν ἔχουσι,
πᾶσι μάλ' ἑξείης. θάνατος δέ τοι ἐξ ἁλὸς αὐτῷ
[135] ἀβληχρὸς μάλα τοῖος ἐλεύσεται, ὅς κέ σε πέφνῃ
γήραι ὕπο λιπαρῷ ἀρημένον: ἀμφὶ δὲ λαοὶ
ὄλβιοι ἔσσονται. τὰ δέ τοι νημερτέα εἴρω.'
ὣς ἔφατ', αὐτὰρ ἐγώ μιν ἀμειβόμενος προσέειπον:
'Τειρεσίη, τὰ μὲν ἄρ που ἐπέκλωσαν θεοὶ αὐτοί.
[140] ἀλλ' ἄγε μοι τόδε εἰπὲ καὶ ἀτρεκέως κατάλεξον:
μητρὸς τήνδ' ὁρόω ψυχὴν κατατεθνηυίης:
ἡ δ' ἀκέουσ' ἧσται σχεδὸν αἵματος, οὐδ' ἑὸν υἱὸν
ἔτλη ἐσάντα ἰδεῖν οὐδὲ προτιμυθήσασθαι.
εἰπέ, ἄναξ, πῶς κέν με ἀναγνοίη τὸν ἐόντα;'
[145] ὣς ἐφάμην, ὁ δέ μ' αὐτίκ' ἀμειβόμενος προσέειπεν:
'ῥηΐδιόν τοι ἔπος ἐρέω καὶ ἐπὶ φρεσὶ θήσω.
ὅν τινα μέν κεν ἐᾷς νεκύων κατατεθνηώτων
αἵματος ἆσσον ἴμεν, ὁ δέ τοι νημερτὲς ἐνίψει:
ᾧ δέ κ' ἐπιφθονέῃς, ὁ δέ τοι πάλιν εἶσιν ὀπίσσω.'
[150] ὣς φαμένη ψυχὴ μὲν ἔβη δόμον Ἄϊδος εἴσω
Τειρεσίαο ἄνακτος, ἐπεὶ κατὰ θέσφατ' ἔλεξεν:
αὐτὰρ ἐγὼν αὐτοῦ μένον ἔμπεδον, ὄφρ' ἐπὶ μήτηρ
ἤλυθε καὶ πίεν αἷμα κελαινεφές: αὐτίκα δ' ἔγνω,
καί μ' ὀλοφυρομένη ἔπεα πτερόεντα προσηύδα:'
[155] 'τέκνον ἐμόν, πῶς ἦλθες ὑπὸ ζόφον ἠερόεντα
ζωὸς ἐών; χαλεπὸν δὲ τάδε ζωοῖσιν ὁρᾶσθαι.
μέσσῳ γὰρ μεγάλοι ποταμοὶ καὶ δεινὰ ῥέεθρα,
Ὠκεανὸς μὲν πρῶτα, τὸν οὔ πως ἔστι περῆσαι
πεζὸν ἐόντ', ἢν μή τις ἔχῃ ἐυεργέα νῆα.

[125] nem de ágeis remos, que aos navios valem por asas.
Um claro sinal te direi, que não vai escapar-te:
quando contigo cruzar-se um outro viajante,
e ele disser que nas nobres espáduas uma pá levas,
então, depois de fincares na terra o remo ágil,
[130] e sacrifícios fizeres, belos, ao rei Posêidon,
um javali cobridor, um carneiro e um touro,
volta a casa e oferece hecatombes sagradas
aos deuses, os imortais que o céu amplo habitam,
a todos, na ordem. Ao largo do mar tua morte
[135] virá, amena, ceifando-te já enfraquecido
por opulenta velhice; ao teu redor as pessoas
serão felizes. Isso te digo sem erro.'
Assim falou, e eu, então, em resposta lhe disse:
'Tirésias, isso os próprios deuses urdiram, suponho.
[140] Mas vai, diz-me isto e sem rodeios me conta:
vejo, aqui, a alma de minha mãe morta;
quieta, está sentada perto do sangue, e não ousa
olhar seu filho de frente, ou dirigir-lhe a palavra.
Diz-me, senhor, como iria, vivo, reconhecer-me?'
[145] Assim falei, e ele logo em resposta me disse:
'Fácil palavra te direi e porei no teu cerne.
Todo aquele que deixares, dos mortos defuntos,
chegar perto do sangue, esse irá falar-te sem erro;
aquele a quem negares irá para trás novamente.'
[150] Assim tendo dito, adentrou a casa de Hades a alma
do rei Tirésias, quando enunciou vaticínios;
mas ali fiquei, impassível, até que a mãe veio
e bebeu o sangue trevoso; reconheceu-me de pronto,
e lamentando falou-me as palavras aladas:
[155] 'Meu filho, como vieste à treva enevoada
estando vivo? É difícil aos vivos ver isto.
Permeiam grandes rios e correntezas temíveis,
primeiro o Oceano, que não se pode transpor
a pé, se não se tiver uma nau bem construída.

[160] ἢ νῦν δὴ Τροίηθεν ἀλώμενος ἐνθάδ᾽ ἱκάνεις
νηί τε καὶ ἑτάροισι πολὺν χρόνον; οὐδέ πω ἦλθες
εἰς Ἰθάκην, οὐδ᾽ εἶδες ἐνὶ μεγάροισι γυναῖκα;᾽
ὣς ἔφατ᾽, αὐτὰρ ἐγώ μιν ἀμειβόμενος προσέειπον:
'μῆτερ ἐμή, χρειώ με κατήγαγεν εἰς Ἀίδαο
[165] ψυχῇ χρησόμενον Θηβαίου Τειρεσίαο:
οὐ γάρ πω σχεδὸν ἦλθον Ἀχαιΐδος, οὐδέ πω ἁμῆς
γῆς ἐπέβην, ἀλλ᾽ αἰὲν ἔχων ἀλάλημαι ὀιζύν,
ἐξ οὗ τὰ πρώτισθ᾽ ἑπόμην Ἀγαμέμνονι δίῳ
Ἴλιον εἰς ἐύπωλον, ἵνα Τρώεσσι μαχοίμην.
[170] ἀλλ᾽ ἄγε μοι τόδε εἰπὲ καὶ ἀτρεκέως κατάλεξον:
τίς νύ σε κὴρ ἐδάμασσε τανηλεγέος θανάτοιο;
ἦ δολιχὴ νοῦσος, ἦ Ἄρτεμις ἰοχέαιρα
οἷς ἀγανοῖς βελέεσσιν ἐποιχομένη κατέπεφνεν;
εἰπὲ δέ μοι πατρός τε καὶ υἱέος, ὃν κατέλειπον,
[175] ἢ ἔτι πὰρ κείνοισιν ἐμὸν γέρας, ἦέ τις ἤδη
ἀνδρῶν ἄλλος ἔχει, ἐμὲ δ᾽ οὐκέτι φασὶ νέεσθαι.
εἰπὲ δέ μοι μνηστῆς ἀλόχου βουλήν τε νόον τε,
ἠὲ μένει παρὰ παιδὶ καὶ ἔμπεδα πάντα φυλάσσει
ἦ ἤδη μιν ἔγημεν Ἀχαιῶν ὅς τις ἄριστος.'
[180] ὣς ἐφάμην, ἡ δ᾽ αὐτίκ᾽ ἀμείβετο πότνια μήτηρ:
'καὶ λίην κείνη γε μένει τετληότι θυμῷ
σοῖσιν ἐνὶ μεγάροισιν: ὀιζυραὶ δέ οἱ αἰεὶ
φθίνουσιν νύκτες τε καὶ ἤματα δάκρυ χεούσῃ.
σὸν δ᾽ οὔ πώ τις ἔχει καλὸν γέρας, ἀλλὰ ἕκηλος
[185] Τηλέμαχος τεμένεα νέμεται καὶ δαῖτας ἐίσας
δαίνυται, ἃς ἐπέοικε δικασπόλον ἄνδρ᾽ ἀλεγύνειν:
πάντες γὰρ καλέουσι. πατὴρ δὲ σὸς αὐτόθι μίμνει
ἀγρῷ, οὐδὲ πόλινδε κατέρχεται. οὐδέ οἱ εὐναὶ
δέμνια καὶ χλαῖναι καὶ ῥήγεα σιγαλόεντα,
[190] ἀλλ᾽ ὅ γε χεῖμα μὲν εὕδει ὅθι δμῶες ἐνὶ οἴκῳ,
ἐν κόνι ἄγχι πυρός, κακὰ δὲ χροῒ εἵματα εἷται:
αὐτὰρ ἐπὴν ἔλθῃσι θέρος τεθαλυῖά τ᾽ ὀπώρη,
πάντῃ οἱ κατὰ γουνὸν ἀλωῆς οἰνοπέδοιο
φύλλων κεκλιμένων χθαμαλαὶ βεβλήαται εὐναί.

[160]   Aqui chegas de Troia só agora, após ter errado
          por muito tempo com a nau e os companheiros? Ainda
          não foste a Ítaca, nem viste tua mulher no palácio?'
          Assim falou, e eu, então, em resposta lhe disse:
          'Minha mãe, a necessidade guiou-me até Hades,
[165]   a fim de indagar a alma do tebano Tirésias;
          ainda não cheguei perto de Acaia, nem nossa
          terra pisei, mas sempre vagueio com dores,
          desde que segui o divino Agamêmnon
          a Ílion de belos cavalos, para lutar com os troianos.
[170]   Mas vamos, isto sem rodeios me conta:
          que sina te subjugou de morte tão lamentada?
          Longa doença? Ou foi Ártemis, a sagitária,
          que súbito te tombou com suas setas amenas?
          Fala-me dos que deixei, do pai e do filho,
[175]   se meu cargo ainda está com eles, ou se outro
          homem já o tem, e não mais falam do meu regresso.
          Fala-me da mente e do intento da esposa,
          se permanece ao lado do filho e mantém os bens firmes,
          ou se já a desposou o melhor dos aqueus.'
[180]   Assim falei; respondeu-me, então, minha mãe veneranda:
          'Ela, resignado coração, ainda persiste
          em teu palácio: são-lhe sempre aflitivos
          os dias e as noites que passam; lágrimas verte.
          Ninguém tomou ainda o teu nobre domínio:
[185]   Telêmaco o comanda, e também participa das festas,
          tal como convém a quem reparte justiça.
          Muitos o convidam. Teu pai ainda se encontra
          no campo, e nunca desce à pólis: jamais utiliza
          cama, nem cobertores ou mantos macios;
[190]   no inverno dorme com os escravos em casa,
          na cinza junto ao fogo; só veste farrapos.
          Mas, se vêm o verão e o outono abundante,
          ali, sobre o inclinado terreno da vinha,
          deita em seu leito, feito de folhas caídas.

[195] ἔνθ' ὅ γε κεῖτ' ἀχέων, μέγα δὲ φρεσὶ πένθος ἀέξει
σὸν νόστον ποθέων, χαλεπὸν δ' ἐπὶ γῆρας ἱκάνει.
οὕτω γὰρ καὶ ἐγὼν ὀλόμην καὶ πότμον ἐπέσπον·
οὔτ' ἐμέ γ' ἐν μεγάροισιν εὔσκοπος ἰοχέαιρα
οἷς ἀγανοῖς βελέεσσιν ἐποιχομένη κατέπεφνεν,
[200] οὔτε τις οὖν μοι νοῦσος ἐπήλυθεν, ἥ τε μάλιστα
τηκεδόνι στυγερῇ μελέων ἐξείλετο θυμόν·
ἀλλά με σός τε πόθος σά τε μήδεα, φαίδιμ' Ὀδυσσεῦ,
σή τ' ἀγανοφροσύνη μελιηδέα θυμὸν ἀπηύρα.' ὣς ἔφατ', αὐτὰρ
ἐγώ γ' ἔθελον φρεσὶ μερμηρίξας
[205] μητρὸς ἐμῆς ψυχὴν ἐλέειν κατατεθνηυίης.
τρὶς μὲν ἐφωρμήθην, ἑλέειν τέ με θυμὸς ἀνώγει,
τρὶς δέ μοι ἐκ χειρῶν σκιῇ εἴκελον ἢ καὶ ὀνείρῳ
ἔπτατ'. ἐμοὶ δ' ἄχος ὀξὺ γενέσκετο κηρόθι μᾶλλον,
καί μιν φωνήσας ἔπεα πτερόεντα προσηύδων·
[210] 'μῆτερ ἐμή, τί νύ μ' οὐ μίμνεις ἐλέειν μεμαῶτα,
ὄφρα καὶ εἰν Ἀίδαο φίλας περὶ χεῖρε βαλόντε
ἀμφοτέρω κρυεροῖο τεταρπώμεσθα γόοιο;
ἦ τί μοι εἴδωλον τόδ' ἀγαυὴ Περσεφόνεια
ὤτρυν', ὄφρ' ἔτι μᾶλλον ὀδυρόμενος στεναχίζω;'
[215] ὣς ἐφάμην, ἡ δ' αὐτίκ' ἀμείβετο πότνια μήτηρ·
'ὤ μοι, τέκνον ἐμόν, περὶ πάντων κάμμορε φωτῶν,
οὔ τί σε Περσεφόνεια Διὸς θυγάτηρ ἀπαφίσκει,
ἀλλ' αὕτη δίκη ἐστὶ βροτῶν, ὅτε τίς κε θάνῃσιν·
οὐ γὰρ ἔτι σάρκας τε καὶ ὀστέα ἶνες ἔχουσιν,
[220] ἀλλὰ τὰ μέν τε πυρὸς κρατερὸν μένος αἰθομένοιο
δαμνᾷ, ἐπεί κε πρῶτα λίπῃ λεύκ' ὀστέα θυμός,
ψυχὴ δ' ἠύτ' ὄνειρος ἀποπταμένη πεπότηται.
ἀλλὰ φόωσδε τάχιστα λιλαίεο· ταῦτα δὲ πάντα
ἴσθ', ἵνα καὶ μετόπισθε τεῇ εἴπησθα γυναικί.'
[225] νῶι μὲν ὣς ἐπέεσσιν ἀμειβόμεθ', αἱ δὲ γυναῖκες
ἤλυθον, ὤτρυνεν γὰρ ἀγαυὴ Περσεφόνεια,
ὅσσαι ἀριστήων ἄλοχοι ἔσαν ἠδὲ θύγατρες.
αἱ δ' ἀμφ' αἷμα κελαινὸν ἀολλέες ἠγερέθοντο,
αὐτὰρ ἐγὼ βούλευον ὅπως ἐρέοιμι ἑκάστην.

[195] Vive sofrendo, com sua grande dor progressiva,
       à tua espera; chega-lhe a dura velhice.
       Foi assim que morri, o meu destino seguindo:
       a hábil arqueira não me matou no palácio,
       já que não me atacou com suas flechas amenas;
[200] nem, de fato, atingiu-me a doença, que tanto
       sofrimento horrível faz, e os membros definha:
       tua falta, o anseio por ti, Odisseu grandioso,
       e tua doçura levaram-me a vida melíflua.
       Assim dizia; inquietando-me, quis a meu peito
[205] estreitar a alma triste de minha mãe morta.
       Três vezes lancei-me, pelo peito impelido,
       três vezes ela voou-me das mãos, como sombra
       e sonho. Uma dor atroz o coração silenciou-me,
       e, falando, lancei-lhe as palavras aladas:
[210] 'Minha mãe, por que não me esperas, se anseio abraçar-te?
       Para, na casa de Hades nos abraçando,
       ambos nos saciarmos de álgido pranto?
       A nobre Perséfone este espectro me manda
       para que eu lamente e gema de dor mais ainda?'
[215] Assim falei; a senhora mãe respondeu de imediato:
       'Ai, meu filho, o mais infausto entre os homens:
       a ti, Perséfone, filha de Zeus, não está enganando;
       para os mortais, a regra é essa, quando alguém morre:
       pois não mais os tendões sustêm as carnes e os ossos,
[220] que a poderosa força do fogo ardente
       domina, e tão logo a vida se solta dos ossos alvos,
       a alma, tal como um sonho, bate asas e esvoaça.
       Mas anseia ir rumo à luz; e sabe de tudo
       isso, a fim de mais tarde contares a tua esposa.'
[225] Assim, nós dois trocávamos palavras; e as mulheres
       vieram, pois a nobre Perséfone as incitara,
       todas que foram esposas e filhas dos mais corajosos.
       Elas, em torno do sangue negro, reuniam-se em bando,
       e eu pensava em como falar com cada uma delas.

[230] ἥδε δέ μοι κατὰ θυμὸν ἀρίστη φαίνετο βουλή·
σπασσάμενος τανύηκες ἄορ παχέος παρὰ μηροῦ
οὐκ εἴων πίνειν ἅμα πάσας αἷμα κελαινόν.
αἱ δὲ προμνηστῖναι ἐπήισαν, ἠδὲ ἑκάστη
ὃν γόνον ἐξαγόρευεν· ἐγὼ δ' ἐρέεινον ἁπάσας.
[235] ἔνθ' ἦ τοι πρώτην Τυρὼ ἴδον εὐπατέρειαν,
ἣ φάτο Σαλμωνῆος ἀμύμονος ἔκγονος εἶναι,
φῆ δὲ Κρηθῆος γυνὴ ἔμμεναι Αἰολίδαο·
ἣ ποταμοῦ ἠράσσατ' Ἐνιπῆος θείοιο,
ὃς πολὺ κάλλιστος ποταμῶν ἐπὶ γαῖαν ἵησι,
[240] καί ῥ' ἐπ' Ἐνιπῆος πωλέσκετο καλὰ ῥέεθρα.
τῷ δ' ἄρα εἰσάμενος γαιήοχος ἐννοσίγαιος
ἐν προχοῇς ποταμοῦ παρελέξατο δινήεντος·
πορφύρεον δ' ἄρα κῦμα περιστάθη, οὔρεϊ ἶσον,
κυρτωθέν, κρύψεν δὲ θεὸν θνητήν τε γυναῖκα.
[245] λῦσε δὲ παρθενίην ζώνην, κατὰ δ' ὕπνον ἔχευεν.
αὐτὰρ ἐπεί ῥ' ἐτέλεσσε θεὸς φιλοτήσια ἔργα,
ἔν τ' ἄρα οἱ φῦ χειρί, ἔπος τ' ἔφατ' ἔκ τ' ὀνόμαζε·
'χαῖρε, γύναι, φιλότητι· περιπλομένου δ' ἐνιαυτοῦ
τέξεις ἀγλαὰ τέκνα, ἐπεὶ οὐκ ἀποφώλιοι εὐναὶ
[250] ἀθανάτων· σὺ δὲ τοὺς κομέειν ἀτιταλλέμεναί τε.
νῦν δ' ἔρχευ πρὸς δῶμα, καὶ ἴσχεο μηδ' ὀνομήνῃς·
αὐτὰρ ἐγώ τοί εἰμι Ποσειδάων ἐνοσίχθων.'
ὣς εἰπὼν ὑπὸ πόντον ἐδύσετο κυμαίνοντα.
ἡ δ' ὑποκυσαμένη Πελίην τέκε καὶ Νηλῆα,
[255] τὼ κρατερὼ θεράποντε Διὸς μεγάλοιο γενέσθην
ἀμφοτέρω· Πελίης μὲν ἐν εὐρυχόρῳ Ἰαωλκῷ
ναῖε πολύρρηνος, ὁ δ' ἄρ' ἐν Πύλῳ ἠμαθόεντι.
τοὺς δ' ἑτέρους Κρηθῆι τέκεν βασίλεια γυναικῶν,
Αἴσονά τ' ἠδὲ Φέρητ' Ἀμυθάονά θ' ἱππιοχάρμην.
[260] τὴν δὲ μετ' Ἀντιόπην ἴδον, Ἀσωποῖο θύγατρα,
ἣ δὴ καὶ Διὸς εὔχετ' ἐν ἀγκοίνῃσιν ἰαῦσαι,
καί ῥ' ἔτεκεν δύο παῖδ', Ἀμφίονά τε Ζῆθόν τε,
οἳ πρῶτοι Θήβης ἕδος ἔκτισαν ἑπταπύλοιο,
πύργωσάν τ', ἐπεὶ οὐ μὲν ἀπύργωτόν γ' ἐδύναντο

[230]   Este me pareceu, no ânimo, o melhor entre os planos:
          sacando a aguda espada da coxa robusta,
          não as deixava sorver, em conjunto, do sangue negro.
          Uma após outra, elas se aproximaram, e cada uma
          dizia de sua origem; e eu inquiria a todas.
[235]   Vi primeiro, então, a eupátrida Tiro,
          que disse ser rebento de Salmoneu, impecável,
          e disse ser mulher de Creteu, o filho de Éolo;
          ela amou Enipeu, o rio divino,
          que, mais belo entre os rios, flui sobre a terra,
[240]   e os mais belos fluxos do Enipeu visitava.
          Símil a ele, o treme-terra, terra-sustenta
          com ela deitou-se, na foz do rio remoinhoso:
          igual a um monte, então, circundou-os a onda purpúrea,
          e o deus e a mulher mortal encobriu, encurvada.
[245]   Soltou-a do cinto virgíneo o deus, vertendo-lhe sono.
          Depois que o deus perfez o ato amoroso,
          tomou-lhe a mão e afirmou, dirigindo-se a ela:
          'Alegra-te, mulher, com o amor; passando-se um ano,
          gloriosos filhos terás, pois estéreis não são os amores
[250]   dos imortais: e tu, cuida deles e os cria.
          Vai agora a tua casa, refreia-te e não me nomeies:
          Saibas que sou o treme-solo, Posêidon.'
          E assim falando, imergiu no mar ondejante.
          Grávida, Pélias e Neleu ela teve,
[255]   que vieram a ser fortes servos de Zeus grandioso,
          ambos: Pélias morava na larga Iolco,
          rico em rebanhos; o outro, em Pilo arenosa.
          Com Creteu, a rainha entre as mulheres gerou:
          Éson, Feres e Amitaon, feliz combatente.
[260]   Vi depois dela Antíope, filha de Asopo,
          a qual se ufana de nos braços de Zeus ter dormido,
          e duas crianças gerou, Anfíon e Zeto,
          que ergueram primeiro a sede de Tebas de sete portas,
          munindo-a de torres, pois sem torres não poderiam

[265] ναιέμεν εὐρύχορον Θήβην, κρατερώ περ ἐόντε.
τὴν δὲ μετ᾽ Ἀλκμήνην ἴδον, Ἀμφιτρύωνος ἄκοιτιν,
ἥ ῥ᾽ Ἡρακλῆα θρασυμέμνονα θυμολέοντα
γείνατ᾽ ἐν ἀγκοίνῃσι Διὸς μεγάλοιο μιγεῖσα:
καὶ Μεγάρην, Κρείοντος ὑπερθύμοιο θύγατρα,
[270] τὴν ἔχεν Ἀμφιτρύωνος υἱὸς μένος αἰὲν ἀτειρής.
μητέρα τ᾽ Οἰδιπόδαο ἴδον, καλὴν Ἐπικάστην,
ἣ μέγα ἔργον ἔρεξεν ἀιδρείῃσι νόοιο
γημαμένη ᾧ υἷι: ὁ δ᾽ ὃν πατέρ᾽ ἐξεναρίξας
γῆμεν: ἄφαρ δ᾽ ἀνάπυστα θεοὶ θέσαν ἀνθρώποισιν.
[275] ἀλλ᾽ ὁ μὲν ἐν Θήβῃ πολυηράτῳ ἄλγεα πάσχων
Καδμείων ἤνασσε θεῶν ὀλοὰς διὰ βουλάς:
ἡ δ᾽ ἔβη εἰς Ἀίδαο πυλάρταο κρατεροῖο,
ἁψαμένη βρόχον αἰπὺν ἀφ᾽ ὑψηλοῖο μελάθρου,
ᾧ ἄχεϊ σχομένη: τῷ δ᾽ ἄλγεα κάλλιπ᾽ ὀπίσσω
[280] πολλὰ μάλ᾽, ὅσσα τε μητρὸς Ἐρινύες ἐκτελέουσιν.
καὶ Χλῶριν εἶδον περικαλλέα, τήν ποτε Νηλεὺς
γῆμεν ἑὸν διὰ κάλλος, ἐπεὶ πόρε μυρία ἕδνα,
ὁπλοτάτην κούρην Ἀμφίονος Ἰασίδαο,
ὅς ποτ᾽ ἐν Ὀρχομενῷ Μινυείῳ ἶφι ἄνασσεν:
[285] ἡ δὲ Πύλου βασίλευε, τέκεν δέ οἱ ἀγλαὰ τέκνα,
Νέστορά τε Χρόνιον τε Περικλύμενόν τ᾽ ἀγέρωχον.
τοῖσι δ᾽ ἐπ᾽ ἰφθίμην Πηρὼ τέκε, θαῦμα βροτοῖσι,
τὴν πάντες μνώοντο περικτίται: οὐδ᾽ ἄρα Νηλεὺς
τῷ ἐδίδου ὃς μὴ ἕλικας βόας εὐρυμετώπους
[290] ἐκ Φυλάκης ἐλάσειε βίης Ἰφικληείης
ἀργαλέας: τὰς δ᾽ οἶος ὑπέσχετο μάντις ἀμύμων
ἐξελάαν: χαλεπὴ δὲ θεοῦ κατὰ μοῖρα πέδησε,
δεσμοί τ᾽ ἀργαλέοι καὶ βουκόλοι ἀγροιῶται.
ἀλλ᾽ ὅτε δὴ μῆνές τε καὶ ἡμέραι ἐξετελεῦντο
[295] ἂψ περιτελλομένου ἔτεος καὶ ἐπήλυθον ὧραι,
καὶ τότε δή μιν ἔλυσε βίη Ἰφικληείη,
θέσφατα πάντ᾽ εἰπόντα: Διὸς δ᾽ ἐτελείετο βουλή.
καὶ Λήδην εἶδον, τὴν Τυνδαρέου παράκοιτιν,
ἥ ῥ᾽ ὑπὸ Τυνδαρέῳ κρατερόφρονε γείνατο παῖδε,

[265] habitar a ampla Tebas, ainda que os dois fossem fortes.
Vi depois Alcmena, mulher de Anfitríon,
a qual a Héracles, audacioso e leonino
gerou, unida aos braços de Zeus grandioso;
e Mégara, filha de Creonte supersoberbo,
[270] a quem teve o filho de Anfitríon, impetuoso.
E vi a mãe de Édipo, a bela Epicasta,
que, por espírito ignaro, fez obra monstruosa
desposando seu filho: ele, tendo matado
o pai, desposou-a; os deuses os denunciaram aos homens.
[275] Mas ele na amável Tebas, sofrendo dores, reinava
entre os cadmeus, por letais desígnios dos deuses;
e ela foi à casa de Hades, porteiro inclemente,
após ter atado um laço suspenso no alto do teto,
de tormento tomada. A ele deixou muitas dores,
[280] quantas as Erínias da mãe executam.
E vi a belíssima Clóris, a quem Neleu certo dia
desposou por sua beleza, após dar muitos dotes,
a mais jovem filha do Iásida Anfíon,
que no Orcômeno, em Mínea, reinava com força;
[285] ela reinava em Pilo, e gloriosos filhos gerou-lhe,
Crônio, Nestor e Periclímeno altivo.
E, além desses, gerou a valente Pero, portento
para os mortais, que todos ao redor cortejavam:
Neleu não a dava a quem não trouxesse, de Fílace,
[290] as vacas recurvas latifrontes do forte Íficles,
difíceis: só o vate impecável ficou de trazê-las
mas o impediram o duro fado dos deuses,
árduas cadeias e os pastores campestres.
Mas quando se cumpriram os meses e os dias,
[295] o ciclo do ano fechou-se e as estações sobrevieram,
Íficles forte então libertou-o, por todos
os vaticínios dizer; cumpria-se de Zeus o desígnio.
E em seguida vi Leda, a esposa de Tíndaro,
que a Tíndaro deu dois filhos de ânimo firme,

[300] Κάστορά θ' ἱππόδαμον καὶ πὺξ ἀγαθὸν Πολυδεύκεα,
τοὺς ἄμφω ζωοὺς κατέχει φυσίζοος αἶα:
οἳ καὶ νέρθεν γῆς τιμὴν πρὸς Ζηνὸς ἔχοντες
ἄλλοτε μὲν ζώουσ' ἑτερήμεροι, ἄλλοτε δ' αὖτε
τεθνᾶσιν: τιμὴν δὲ λελόγχασιν ἶσα θεοῖσι.
[305] τὴν δὲ μετ' Ἰφιμέδειαν, Ἀλωῆος παράκοιτιν
εἴσιδον, ἣ δὴ φάσκε Ποσειδάωνι μιγῆναι,
καί ῥ' ἔτεκεν δύο παῖδε, μινυνθαδίω δ' ἐγενέσθην,
Ὦτόν τ' ἀντίθεον τηλεκλειτόν τ' Ἐφιάλτην,
οὓς δὴ μηκίστους θρέψε ζείδωρος ἄρουρα
[310] καὶ πολὺ καλλίστους μετά γε κλυτὸν Ὠρίωνα:
ἐννέωροι γὰρ τοί γε καὶ ἐννεαπήχεες ἦσαν
εὖρος, ἀτὰρ μῆκός γε γενέσθην ἐννεόργυιοι.
οἵ ῥα καὶ ἀθανάτοισιν ἀπειλήτην ἐν Ὀλύμπῳ
φυλόπιδα στήσειν πολυάικος πολέμοιο.
[315] Ὄσσαν ἐπ' Οὐλύμπῳ μέμασαν θέμεν, αὐτὰρ ἐπ' Ὄσσῃ
Πήλιον εἰνοσίφυλλον, ἵν' οὐρανὸς ἀμβατὸς εἴη.
καί νύ κεν ἐξετέλεσσαν, εἰ ἥβης μέτρον ἵκοντο:
ἀλλ' ὄλεσεν Διὸς υἱός, ὃν ἠύκομος τέκε Λητώ,
ἀμφοτέρω, πρίν σφωιν ὑπὸ κροτάφοισιν ἰούλους
[320] ἀνθῆσαι πυκάσαι τε γένυς εὐανθέι λάχνῃ.
Φαίδρην τε Πρόκριν τε ἴδον καλήν τ' Ἀριάδνην,
κούρην Μίνωος ὀλοόφρονος, ἥν ποτε Θησεὺς
ἐκ Κρήτης ἐς γουνὸν Ἀθηνάων ἱεράων
ἦγε μέν, οὐδ' ἀπόνητο: πάρος δέ μιν Ἄρτεμις ἔκτα
[325] Δίῃ ἐν ἀμφιρύτῃ Διονύσου μαρτυρίῃσιν.
Μαῖράν τε Κλυμένην τε ἴδον στυγερήν τ' Ἐριφύλην,
ἣ χρυσὸν φίλου ἀνδρὸς ἐδέξατο τιμήεντα.
πάσας δ' οὐκ ἂν ἐγὼ μυθήσομαι οὐδ' ὀνομήνω,
ὅσσας ἡρώων ἀλόχους ἴδον ἠδὲ θύγατρας:
[330] πρὶν γάρ κεν καὶ νὺξ φθῖτ' ἄμβροτος. ἀλλὰ καὶ ὥρη
εὕδειν, ἢ ἐπὶ νῆα θοὴν ἐλθόντ' ἐς ἑταίρους
ἢ αὐτοῦ: πομπὴ δὲ θεοῖς ὑμῖν τε μελήσει."
ὣς ἔφαθ', οἱ δ' ἄρα πάντες ἀκὴν ἐγένοντο σιωπῇ,
κηληθμῷ δ' ἔσχοντο κατὰ μέγαρα σκιόεντα.

[300]   Castor, domador de cavalos, e Pólux, bom com os punhos;
a vivífera terra os contém, a ambos vivos:
no fundo da terra, contando com honras de Zeus,
ora estão vivos, em dias alternos, ora, de novo,
mortos: obtiveram honra igual à dos deuses.
[305]   E avistei Ifimedeia, esposa de Aloeu,
a qual afirmava ter-se unido a Posêidon,
e gerou dois filhos; mas vida curta tiveram,
Oto, sublime, e Efialtes, de extensa fama,
aos quais a lavoura fecunda fez crescer mais robustos,
[310]   e de longe os mais belos depois do ínclito Órion:
aos nove anos, eles nove cúbitos tinham
de largura, e chegaram à altura de nove braças.
Mesmo aos imortais, no Olimpo, ameaçaram seu grito
de guerra erguer, em muitos furiosos combates.
[315]   Quiseram pôr Ossa sobre o Olimpo e, sobre o Ossa,
Pélio treme-folhas, para que o céu se alcançasse.
E assim o fariam, se chegassem à juventude;
mas o filho de Zeus, que Leto de belos cabelos
gerou, destruiu a ambos, antes que a barba florisse
[320]   sob a têmpora e flórida lã cobrisse seus queixos.
E vi Fedra e Prócris e a bela Ariadne,
filha de Minos maligno, a quem outrora Teseu
levava de Creta à colina de Atenas sagrada,
e não desfrutava: antes, Ártemis matou-a em Dia
[325]   circunfluente, com testemunho de Dioniso.
Vi também Mera e Climena e a horrenda Erifila,
que ouro valioso obteve por seu marido.
Eu não poderia citar e tampouco a todas nomear,
tantas esposas e filhas de heróis que vi: antes
[330]   a noite mortal findaria. Mas já é hora
de dormir, quer eu vá à nau veloz, até os companheiros,
quer fique aqui: a escolta importa a vós e aos deuses."
Assim falou, e todos ficaram calados,
tomados de encanto no sombrio palácio.

[335] τοῖσιν δ' Ἀρήτη λευκώλενος ἤρχετο μύθων.
"Φαίηκες, πῶς ὔμμιν ἀνὴρ ὅδε φαίνεται εἶναι
εἶδός τε μέγεθός τε ἰδὲ φρένας ἔνδον ἐίσας;
ξεῖνος δ' αὖτ' ἐμός ἐστιν, ἕκαστος δ' ἔμμορε τιμῆς·
τῷ μὴ ἐπειγόμενοι ἀποπέμπετε, μηδὲ τὰ δῶρα
[340] οὕτω χρηΐζοντι κολούετε· πολλὰ γὰρ ὑμῖν
κτήματ' ἐνὶ μεγάροισι θεῶν ἰότητι κέονται."
τοῖσι δὲ καὶ μετέειπε γέρων ἥρως Ἐχένηος,
ὃς δὴ Φαιήκων ἀνδρῶν προγενέστερος ἦεν·
"ὦ φίλοι, οὐ μὰν ἧμιν ἀπὸ σκοποῦ οὐδ' ἀπὸ δόξης
[345] μυθεῖται βασίλεια περίφρων· ἀλλὰ πίθεσθε.
Ἀλκινόου δ' ἐκ τοῦδ' ἔχεται ἔργον τε ἔπος τε."
τὸν δ' αὖτ' Ἀλκίνοος ἀπαμείβετο φώνησέν τε·
"τοῦτο μὲν οὕτω δὴ ἔσται ἔπος, αἴ κεν ἐγώ γε
ζωὸς Φαιήκεσσι φιληρέτμοισιν ἀνάσσω·
[350] ξεῖνος δὲ τλήτω μάλα περ νόστοιο χατίζων
ἔμπης οὖν ἐπιμεῖναι ἐς αὔριον, εἰς ὅ κε πᾶσαν
δωτίνην τελέσω· πομπὴ δ' ἄνδρεσσι μελήσει
πᾶσι, μάλιστα δ' ἐμοί· τοῦ γὰρ κράτος ἔστ' ἐνὶ δήμῳ."
τὸν δ' ἀπαμειβόμενος προσέφη πολύμητις Ὀδυσσεύς·
[355] "Ἀλκίνοε κρεῖον, πάντων ἀριδείκετε λαῶν,
εἴ με καὶ εἰς ἐνιαυτὸν ἀνώγοιτ' αὐτόθι μίμνειν,
πομπὴν δ' ὀτρύνοιτε καὶ ἀγλαὰ δῶρα διδοῖτε,
καί κε τὸ βουλοίμην, καί κεν πολὺ κέρδιον εἴη,
πλειοτέρῃ σὺν χειρὶ φίλην ἐς πατρίδ' ἱκέσθαι·
[360] καί κ' αἰδοιότερος καὶ φίλτερος ἀνδράσιν εἴην
πᾶσιν, ὅσοι μ' Ἰθάκηνδε ἰδοίατο νοστήσαντα."
τὸν δ' αὖτ' Ἀλκίνοος ἀπαμείβετο φώνησέν τε·
"ὦ Ὀδυσεῦ, τὸ μὲν οὔ τί σ' ἐΐσκομεν εἰσορόωντες,
ἠπεροπῆά τ' ἔμεν καὶ ἐπίκλοπον, οἷά τε πολλοὺς
[365] βόσκει γαῖα μέλαινα πολυσπερέας ἀνθρώπους,
ψεύδεά τ' ἀρτύνοντας ὅθεν κέ τις οὐδὲ ἴδοιτο·
σοὶ δ' ἔπι μὲν μορφὴ ἐπέων, ἔνι δὲ φρένες ἐσθλαί.
μῦθον δ' ὡς ὅτ' ἀοιδὸς ἐπισταμένως κατέλεξας,
πάντων τ' Ἀργείων σέο τ' αὐτοῦ κήδεα λυγρά.

[335]   Entre eles, Arete de alvos braços tomou a palavra:
"Feácios, como vos parece ser este varão
em aspecto, porte e espírito equilibrado?
É meu hóspede, e cada um de sua honra comparte.
Sem pressa escoltai-o, e não poupeis os presentes
[340]   a quem tanto precisa: pois muitos bens jazem
para vós nos palácios pela vontade dos deuses."
Disse entre eles, então, Equeneu, herói velho,
que era, dos varões feácios, o mais idoso:
"Amigos, não longe do escopo ou de nossa opinião
[345]   vos fala a sensata rainha; obedecei-lhe, portanto.
Mas a ação e a palavra dependem de Alcínoo."
Por sua vez, respondeu-lhe Alcínoo, dizendo:
"Dela a palavra se cumprirá se eu, vivo,
reino entre os Feácios, amantes do remo:
[350]   Embora tão desejoso da volta, que o hóspede espere
até amanhã, quando eu completar toda a oferta;
a todos os varões importa essa escolta,
mas mais a mim: pois é meu o poder nesta terra."
Respondendo, disse Odisseu, o multisciente:
[355]   "Rei Alcínoo, o mais ilustre entre todas as gentes,
se me convidasses a permanecer aqui por um ano,
ativasses o meu retorno e dons gloriosos me desses,
isso eu quereria, e seria mais proveitoso
chegar à querida pátria com a mão bem repleta:
[360]   mais respeitado e mais caro aos varões eu seria,
a todos os que me vejam de volta, em Ítaca."
A ele, então, respondeu Alcínoo, dizendo:
"Ó Odisseu, quando te vemos, não presumimos
que sejas furtivo e enganador, como muitos
[365]   a terra negra nutre, como homens disseminados,
urdindo mentiras acerca do que ninguém saberia.
Em ti há forma das falas, e nobre siso.
E habilmente contaste a história, como um aedo,
lúgubres lutos de todos argivos, além dos teus próprios.

[370] ἀλλ' ἄγε μοι τόδε εἰπὲ καὶ ἀτρεκέως κατάλεξον,
εἴ τινας ἀντιθέων ἑτάρων ἴδες, οἵ τοι ἅμ' αὐτῷ
Ἴλιον εἰς ἅμ' ἕποντο καὶ αὐτοῦ πότμον ἐπέσπον.
νὺξ δ' ἥδε μάλα μακρή, ἀθέσφατος· οὐδέ πω ὥρη
εὕδειν ἐν μεγάρῳ, σὺ δέ μοι λέγε θέσκελα ἔργα.
[375] καί κεν ἐς ἠῶ δῖαν ἀνασχοίμην, ὅτε μοι σὺ
τλαίης ἐν μεγάρῳ τὰ σὰ κήδεα μυθήσασθαι."
τὸν δ' ἀπαμειβόμενος προσέφη πολύμητις Ὀδυσσεύς·
"Ἀλκίνοε κρεῖον, πάντων ἀριδείκετε λαῶν,
ὥρη μὲν πολέων μύθων, ὥρη δὲ καὶ ὕπνου·
[380] εἰ δ' ἔτ' ἀκουέμεναί γε λιλαίεαι, οὐκ ἂν ἐγώ γε
τούτων σοι φθονέοιμι καὶ οἰκτρότερ' ἄλλ' ἀγορεύειν,
κήδε' ἐμῶν ἑτάρων, οἳ δὴ μετόπισθεν ὄλοντο,
οἳ Τρώων μὲν ὑπεξέφυγον στονόεσσαν ἀϋτήν,
ἐν νόστῳ δ' ἀπόλοντο κακῆς ἰότητι γυναικός.
[385] αὐτὰρ ἐπεὶ ψυχὰς μὲν ἀπεσκέδασ' ἄλλυδις ἄλλῃ
ἁγνὴ Περσεφόνεια γυναικῶν θηλυτεράων,
ἦλθε δ' ἐπὶ ψυχὴ Ἀγαμέμνονος Ἀτρεΐδαο
ἀχνυμένη· περὶ δ' ἄλλαι ἀγηγέραθ', ὅσσοι ἅμ' αὐτῷ
οἴκῳ ἐν Αἰγίσθοιο θάνον καὶ πότμον ἐπέσπον.
[390] ἔγνω δ' αἶψ' ἔμ' ἐκεῖνος, ἐπεὶ πίεν αἷμα κελαινόν·
κλαῖε δ' ὅ γε λιγέως, θαλερὸν κατὰ δάκρυον εἴβων,
πιτνὰς εἰς ἐμὲ χεῖρας, ὀρέξασθαι μενεαίνων·
ἀλλ' οὐ γάρ οἱ ἔτ' ἦν ἲς ἔμπεδος οὐδέ τι κῖκυς,
οἵη περ πάρος ἔσκεν ἐνὶ γναμπτοῖσι μέλεσσι.
[395] τὸν μὲν ἐγὼ δάκρυσα ἰδὼν ἐλέησά τε θυμῷ,
καί μιν φωνήσας ἔπεα πτερόεντα προσηύδων·
'Ἀτρεΐδη κύδιστε, ἄναξ ἀνδρῶν Ἀγάμεμνον,
τίς νύ σε κὴρ ἐδάμασσε τανηλεγέος θανάτοιο;
ἦε σέ γ' ἐν νήεσσι Ποσειδάων ἐδάμασσεν
[400] ὄρσας ἀργαλέων ἀνέμων ἀμέγαρτον ἀϋτμήν;
ἦέ σ' ἀνάρσιοι ἄνδρες ἐδηλήσαντ' ἐπὶ χέρσου
βοῦς περιταμνόμενον ἠδ' οἰῶν πώεα καλά,
ἦε περὶ πτόλιος μαχεούμενον ἠδὲ γυναικῶν;'
ὣς ἐφάμην, ὁ δέ μ' αὐτίκ' ἀμειβόμενος προσέειπε·

[370] Mas vai, diz-me isto e sem rodeios me conta
se viste os companheiros sublimes, alguns que contigo
seguiram a Ílion e ali encontraram seu fado.
Esta noite é longa, inefável; tampouco é hora
de dormir no palácio; conta-me feitos miríficos.
[375] Eu resistiria até a Aurora divina, até quando
tu suportasses narrar no palácio os teus sofrimentos."
Respondendo-lhe disse Odisseu, o multisciente:
"Rei Alcínoo, o mais ilustre entre todos os povos,
há hora de muitas falas, e hora de sono:
[380] Se ainda desejas ouvir, eu não te recusaria
isso, falar de outros fatos ainda mais deploráveis,
dores dos meus sócios, que depois pereceram;
uns escaparam do clamor dos troianos, gemente,
e pereceram na volta, devido a mulher odiosa.
[385] Logo depois dispersou as almas, algures, alhures,
a pura Perséfone, das femininas mulheres,
e veio, então, a alma do atrida Agamêmnon,
aflita: em torno, outras se uniram, as que com ele
em casa de Egisto morreram e cumpriram o fado.
[390] Ao beber o sangue negro, ele logo reconheceu-me;
e chorava agudamente, vertendo lágrimas fartas,
e abrindo os braços a mim, querendo alcançar-me;
mas seu vigor não era mais firme, nem sua força,
como a que antes tivera nos membros recurvos.
[395] Ao vê-lo, irrompi em pranto, no íntimo me apiedando,
e, falando, lancei-lhe as palavras aladas:
'Insigne Atrida, chefe de varões Agamêmnon,
que destino de morte impiedosa domou-te?
Ou nos navios dominou-te Posêidon
[400] erguendo sopro infeliz de ventos violentos?
Danos causaram-te os varões hostis, em terra firme,
ao roubares bois e belos rebanhos de ovelhas,
ou lutavas pela cidade e por suas mulheres?'
Assim falei, e ele logo em resposta me disse:

[405] 'διογενὲς Λαερτιάδη, πολυμήχαν' Ὀδυσσεῦ,
οὔτ' ἐμέ γ' ἐν νήεσσι Ποσειδάων ἐδάμασσεν
ὄρσας ἀργαλέων ἀνέμων ἀμέγαρτον ἀυτμήν,
οὔτε μ' ἀνάρσιοι ἄνδρες ἐδηλήσαντ' ἐπὶ χέρσου,
ἀλλά μοι Αἴγισθος τεύξας θάνατόν τε μόρον τε
[410] ἔκτα σὺν οὐλομένῃ ἀλόχῳ, οἶκόνδε καλέσσας,
δειπνίσσας, ὥς τίς τε κατέκτανε βοῦν ἐπὶ φάτνῃ.
ὣς θάνον οἰκτίστῳ θανάτῳ· περὶ δ' ἄλλοι ἑταῖροι
νωλεμέως κτείνοντο σύες ὣς ἀργιόδοντες,
οἵ ῥά τ' ἐν ἀφνειοῦ ἀνδρὸς μέγα δυναμένοιο
[415] ἢ γάμῳ ἢ ἐράνῳ ἢ εἰλαπίνῃ τεθαλυίῃ.
ἤδη μὲν πολέων φόνῳ ἀνδρῶν ἀντεβόλησας,
μουνὰξ κτεινομένων καὶ ἐνὶ κρατερῇ ὑσμίνῃ·
ἀλλά κε κεῖνα μάλιστα ἰδὼν ὀλοφύραο θυμῷ,
ὡς ἀμφὶ κρητῆρα τραπέζας τε πληθούσας
[420] κείμεθ' ἐνὶ μεγάρῳ, δάπεδον δ' ἅπαν αἵματι θῦεν.
οἰκτροτάτην δ' ἤκουσα ὄπα Πριάμοιο θυγατρός,
Κασσάνδρης, τὴν κτεῖνε Κλυταιμνήστρη δολόμητις
ἀμφ' ἐμοί, αὐτὰρ ἐγὼ ποτὶ γαίῃ χεῖρας ἀείρων
βάλλον ἀποθνήσκων περὶ φασγάνῳ· ἡ δὲ κυνῶπις
[425] νοσφίσατ', οὐδέ μοι ἔτλη ἰόντι περ εἰς Ἀίδαο
χερσὶ κατ' ὀφθαλμοὺς ἑλέειν σύν τε στόμ' ἐρεῖσαι.
ὣς οὐκ αἰνότερον καὶ κύντερον ἄλλο γυναικός,
ἥ τις δὴ τοιαῦτα μετὰ φρεσὶν ἔργα βάληται·
οἷον δὴ καὶ κείνη ἐμήσατο ἔργον ἀεικές,
[430] κουριδίῳ τεύξασα πόσει φόνον. ἦ τοι ἔφην γε
ἀσπάσιος παίδεσσιν ἰδὲ δμώεσσιν ἐμοῖσιν
οἴκαδ' ἐλεύσεσθαι· ἡ δ' ἔξοχα λυγρὰ ἰδυῖα
οἷ τε κατ' αἶσχος ἔχευε καὶ ἐσσομένῃσιν ὀπίσσω
θηλυτέρῃσι γυναιξί, καὶ ἥ κ' εὐεργὸς ἔῃσιν.'
[435] ὣς ἔφατ', αὐτὰρ ἐγώ μιν ἀμειβόμενος προσέειπον·
'ὢ πόποι, ἦ μάλα δὴ γόνον Ἀτρέος εὐρύοπα Ζεὺς
ἐκπάγλως ἤχθηρε γυναικείας διὰ βουλὰς
ἐξ ἀρχῆς· Ἑλένης μὲν ἀπωλόμεθ' εἵνεκα πολλοί,
σοὶ δὲ Κλυταιμνήστρη δόλον ἤρτυε τηλόθ' ἐόντι.'

[405] 'Divino Laercíada, Odisseu multiastuto,
nem Posêidon me dominou nos navios,
erguendo sopro infeliz de ventos violentos,
nem de varões hostis veio o dano, em terra firme;
mas Egisto, forjando-me a morte e o destino,
[410] matou-me com a funesta esposa, depois de chamar-me
e servir-me o jantar, como quem mata um boi no cercado.
Assim morri de mísera morte; ao redor, companheiros
foram mortos, sem trégua, quais porcos de brancos dentes,
da casa de varão de grande poder, opulento,
[415] em festa, núpcias ou banquete suntuoso.
Já enfrentaste o massacre de muitos varões,
em singular combate ou em árdua batalha;
mas, isso vendo, no íntimo lamentarias,
como ao redor das crateras e mesas repletas
[420] jazíamos no salão, todo o chão fervendo de sangue.
Ouvi a misérrima voz da filha de Príamo,
Cassandra, a quem matou Cliptemnestra dolosa,
a meu lado; erguendo os braços, as mãos sobre a terra
bati, ao morrer pela espada: a despudorada
[425] afastou-se, sem ousar, embora eu partisse para o Hades,
cerrar-me os olhos com as mãos e pressionar minha boca.
Assim, nenhuma outra será mais canalha e terrível
que a mulher que tenha, em seu íntimo, ações como essas:
tal como aquela que armou o feito aviltante,
[430] preparando a morte do próprio marido. Eu julgava
que faria meus filhos e servos felizes
ao regressar a casa; assaz sabedora de males,
vergonha verteu em si e nas gerações pósteras
de femininas mulheres, mesmo que seja uma honesta.'
[435] Assim falou, e eu então em resposta lhe disse:
'Céus, por certo à estirpe de Atreu o latividente
Zeus odeia deveras, pelos ardis femininos,
desde o início: muitos morremos por causa de Helena,
e a ti, quando longe, Cliptemnestra urdiu a armadilha.'

[440] ὣς ἐφάμην, ὁ δέ μ' αὐτίκ' ἀμειβόμενος προσέειπε:
'τῷ νῦν μή ποτε καὶ σὺ γυναικί περ ἤπιος εἶναι:
μή οἱ μῦθον ἅπαντα πιφαυσκέμεν, ὅν κ' ἐὺ εἰδῇς,
ἀλλὰ τὸ μὲν φάσθαι, τὸ δὲ καὶ κεκρυμμένον εἶναι.
ἀλλ' οὐ σοί γ', Ὀδυσεῦ, φόνος ἔσσεται ἔκ γε γυναικός:
[445] λίην γὰρ πινυτή τε καὶ εὖ φρεσὶ μήδεα οἶδε
κούρη Ἰκαρίοιο, περίφρων Πηνελόπεια.
ἦ μέν μιν νύμφην γε νέην κατελείπομεν ἡμεῖς
ἐρχόμενοι πόλεμόνδε: πάϊς δέ οἱ ἦν ἐπὶ μαζῷ
νήπιος, ὅς που νῦν γε μετ' ἀνδρῶν ἵζει ἀριθμῷ,
[450] ὄλβιος: ἦ γὰρ τόν γε πατὴρ φίλος ὄψεται ἐλθών,
καὶ κεῖνος πατέρα προσπτύξεται, ᾗ θέμις ἐστίν.
ἡ δ' ἐμὴ οὐδέ περ υἷος ἐνιπλησθῆναι ἄκοιτις
ὀφθαλμοῖσιν ἔασε: πάρος δέ με πέφνε καὶ αὐτόν.
ἄλλο δέ τοι ἐρέω, σὺ δ' ἐνὶ φρεσὶ βάλλεο σῇσιν:
[455] κρύβδην, μηδ' ἀναφανδά, φίλην ἐς πατρίδα γαῖαν
νῆα κατισχέμεναι: ἐπεὶ οὐκέτι πιστὰ γυναιξίν.
ἀλλ' ἄγε μοι τόδε εἰπὲ καὶ ἀτρεκέως κατάλεξον,
εἴ που ἔτι ζώοντος ἀκούετε παιδὸς ἐμοῖο,
ἤ που ἐν Ὀρχομενῷ ἢ ἐν Πύλῳ ἠμαθόεντι,
[460] ἦ που πὰρ Μενελάῳ ἐνὶ Σπάρτῃ εὐρείῃ:
οὐ γάρ πω τέθνηκεν ἐπὶ χθονὶ δῖος Ὀρέστης.'
ὣς ἔφατ', αὐτὰρ ἐγώ μιν ἀμειβόμενος προσέειπον:
'Ἀτρεΐδη, τί με ταῦτα διείρεαι; οὐδέ τι οἶδα,
ζώει ὅ γ' ἦ τέθνηκε: κακὸν δ' ἀνεμώλια βάζειν.'
[465] νῶϊ μὲν ὣς ἐπέεσσιν ἀμειβομένω στυγεροῖσιν
ἕσταμεν ἀχνύμενοι θαλερὸν κατὰ δάκρυ χέοντες:
ἦλθε δ' ἐπὶ ψυχὴ Πηληϊάδεω Ἀχιλῆος
καὶ Πατροκλῆος καὶ ἀμύμονος Ἀντιλόχοιο
Αἴαντός θ', ὃς ἄριστος ἔην εἶδός τε δέμας τε
[470] τῶν ἄλλων Δαναῶν μετ' ἀμύμονα Πηλεΐωνα.
ἔγνω δὲ ψυχή με ποδώκεος Αἰακίδαο
καί ῥ' ὀλοφυρομένη ἔπεα πτερόεντα προσηύδα:
'διογενὲς Λαερτιάδη, πολυμήχαν' Ὀδυσσεῦ,
σχέτλιε, τίπτ' ἔτι μεῖζον ἐνὶ φρεσὶ μήσεαι ἔργον;

[440] Assim falei, e ele logo em resposta me disse:
'Agora, portanto, com a esposa não mais sejas brando:
e não lhe reveles todo o relato, que bem conheces,
mas fala uma parte, e outra mantém em sigilo.
Mas tua morte, Odisseu, não virá de tua esposa:
[445] Muito sensata, conhece, no íntimo, bons pensamentos
a perspicaz Penélope, filha de Icário.
Esposa recente, em verdade, era ela quando a deixamos
ao irmos à guerra: ela tinha menino de peito,
neonato, que em meio aos varões, agora, pode encontrar-se,
[450] próspero: quando seu caro pai chegar irá vê-lo,
e ele abraçará o pai, como é o costume.
Minha esposa não deixou que eu com meu filho
saciasse os olhos: antes disso matou-me.
Outra coisa te direi, e tu em teu íntimo a guardes:
[455] Em segredo, não às claras, a tua terra pátria querida
a nau leves; pois não se pode mais confiar nas mulheres.
Mas vai, diz-me isto e sem rodeios me conta:
se acaso ouvis que meu filho ainda vive, algures,
talvez em Orcômenos ou em Pilos areenta,
[460] ou talvez com Menelau na tão vasta Esparta:
pois sobre o solo ainda não está morto Orestes divino.'
Assim falou, e eu, então, em resposta lhe disse:
'Atrida, por que perguntas isso? Não sei de nada,
se vive ou está morto; e é mau dizer palavras de vento.'
[465] Assim, trocando essas palavras soturnas,
permanecemos aflitos, vertendo lágrimas fartas:
sobreveio, então, a alma de Aquiles Pelida,
e também a de Pátroclo e a do impecável Antíloco,
e a de Ájax, o melhor na beleza e no talhe
[470] entre todos os Dânaos, depois do impecável Aquiles.
A alma do Iacida de pés velozes reconheceu-me
e, lamuriosa, me disse as palavras aladas:
'Divino Laercíada, Odisseu multiastuto,
inclemente, que feito maior urdirás em teu íntimo?

[475] πῶς ἔτλης Ἀϊδόσδε κατελθέμεν, ἔνθα τε νεκροὶ
ἀφραδέες ναίουσι, βροτῶν εἴδωλα καμόντων;'
ὣς ἔφατ᾽, αὐτὰρ ἐγώ μιν ἀμειβόμενος προσέειπον:
'ὦ Ἀχιλεῦ Πηλῆος υἱέ, μέγα φέρτατ᾽ Ἀχαιῶν,
ἦλθον Τειρεσίαο κατὰ χρέος, εἴ τινα βουλὴν
[480] εἴποι, ὅπως Ἰθάκην ἐς παιπαλόεσσαν ἱκοίμην:
οὐ γάρ πω σχεδὸν ἦλθον Ἀχαιΐδος, οὐδέ πω ἁμῆς
γῆς ἐπέβην, ἀλλ᾽ αἰὲν ἔχω κακά. σεῖο δ᾽, Ἀχιλλεῦ,
οὔ τις ἀνὴρ προπάροιθε μακάρτατος οὔτ᾽ ἄρ᾽ ὀπίσσω.
πρὶν μὲν γάρ σε ζωὸν ἐτίομεν ἶσα θεοῖσιν
[485] Ἀργεῖοι, νῦν αὖτε μέγα κρατέεις νεκύεσσιν
ἐνθάδ᾽ ἐών: τῷ μή τι θανὼν ἀκαχίζευ, Ἀχιλλεῦ.'
ὣς ἐφάμην, ὁ δέ μ᾽ αὐτίκ᾽ ἀμειβόμενος προσέειπε:
'μὴ δή μοι θάνατόν γε παραύδα, φαίδιμ᾽ Ὀδυσσεῦ.
βουλοίμην κ᾽ ἐπάρουρος ἐὼν θητευέμεν ἄλλῳ,
[490] ἀνδρὶ παρ᾽ ἀκλήρῳ, ᾧ μὴ βίοτος πολὺς εἴη,
ἢ πᾶσιν νεκύεσσι καταφθιμένοισιν ἀνάσσειν.
ἀλλ᾽ ἄγε μοι τοῦ παιδὸς ἀγαυοῦ μῦθον ἐνίσπες,
ἢ ἕπετ᾽ ἐς πόλεμον πρόμος ἔμμεναι, ἦε καὶ οὐκί.
εἰπὲ δέ μοι Πηλῆος ἀμύμονος, εἴ τι πέπυσσαι,
[495] ἢ ἔτ᾽ ἔχει τιμὴν πολέσιν μετὰ Μυρμιδόνεσσιν,
ἦ μιν ἀτιμάζουσιν ἀν᾽ Ἑλλάδα τε Φθίην τε,
οὕνεκά μιν κατὰ γῆρας ἔχει χεῖράς τε πόδας τε.
οὐ γὰρ ἐγὼν ἐπαρωγὸς ὑπ᾽ αὐγὰς ἠελίοιο,
τοῖος ἐών, οἷός ποτ᾽ ἐνὶ Τροίῃ εὐρείῃ
[500] πέφνον λαὸν ἄριστον, ἀμύνων Ἀργείοισιν:
εἰ τοιόσδ᾽ ἔλθοιμι μίνυνθά περ ἐς πατέρος δῶ:
τῷ κέ τεῳ στύξαιμι μένος καὶ χεῖρας ἀάπτους,
οἳ κεῖνον βιόωνται ἐέργουσίν τ᾽ ἀπὸ τιμῆς.'
ὣς ἔφατ᾽, αὐτὰρ ἐγώ μιν ἀμειβόμενος προσέειπον:
[505] 'ἦ τοι μὲν Πηλῆος ἀμύμονος οὔ τι πέπυσμαι,
αὐτάρ τοι παιδός γε Νεοπτολέμοιο φίλοιο
πᾶσαν ἀληθείην μυθήσομαι, ὥς με κελεύεις:
αὐτὸς γάρ μιν ἐγὼ κοίλης ἐπὶ νηὸς ἐΐσης
ἤγαγον ἐκ Σκύρου μετ᾽ ἐϋκνήμιδας Ἀχαιούς.

[475] como ousaste descer ao Hades, aqui onde mortos
incônscios habitam, espectros dos mortais falecidos?'
Assim falou, e eu então em resposta lhe disse:
'Ó Aquiles Pelida, entre os aqueus o mais bravo,
vim em busca de Tirésias, caso ele um conselho
[480] me desse de como eu iria a Ítaca abrupta:
não me acerquei ainda de Acaia, e nem a minha
terra desci, mas padeço de males. Aquiles, não houve
nem haverá varão mais que tu venturoso.
Nós, argivos, te honrávamos, vivo, tal como aos deuses,
[485] e agora tens grande poder entre os mortos, estando
aqui; por isso, morto, não te amofines, Aquiles.'
Assim falei, e ele logo em resposta me disse:
'Não me consoles da morte, Odisseu glorioso.
Eu preferiria, lavrando a terra, ser servo
[490] de outro varão sem gleba, e com poucos víveres,
a reinar entre todos os mortos defuntos.
Mas conta-me algo a respeito de meu nobre filho;
ou foi para a guerra, sendo o primeiro, ou não foi ainda.
Diz-me do impecável Peleu, se sabes de algo,
[495] se entre os muitos Mirmidões mantém privilégio,
ou se na Élade ou em Ftia o desonram,
já que lhe tolhe as mãos e os pés a velhice.
Seu protetor não sou, sob os raios de Hélio,
tendo sido eu que outrora, na vasta Troia,
[500] golpeei digna gente, defendendo os argivos;
se assim eu fosse à casa do pai, mesmo por breve tempo,
faria meus intocáveis braços e força odiados
por quem o viola e afasta da honra devida.'
Assim falou, e eu então em resposta lhe disse:
[505] 'Nada sei, deveras, de Peleu impecável;
no entanto, sobre Neoptólemo, seu caro filho,
toda a verdade direi, como me pedes:
pois a ele, eu próprio, em côncava nau harmoniosa,
levei de Ciro, com os aqueus de cnêmides belas.

[510] ἤ τοι ὅτ' ἀμφὶ πόλιν Τροίην φραζοίμεθα βουλάς,
αἰεὶ πρῶτος ἔβαζε καὶ οὐχ ἡμάρτανε μύθων·
Νέστωρ ἀντίθεος καὶ ἐγὼ νικάσκομεν οἴω.
αὐτὰρ ὅτ' ἐν πεδίῳ Τρώων μαρναίμεθα χαλκῷ,
οὔ ποτ' ἐνὶ πληθυῖ μένεν ἀνδρῶν οὐδ' ἐν ὁμίλῳ,
[515] ἀλλὰ πολὺ προθέεσκε τὸ ὃν μένος οὐδενὶ εἴκων,
πολλοὺς δ' ἄνδρας ἔπεφνεν ἐν αἰνῇ δηιοτῆτι.
πάντας δ' οὐκ ἂν ἐγὼ μυθήσομαι οὐδ' ὀνομήνω,
ὅσσον λαὸν ἔπεφνεν ἀμύνων Ἀργείοισιν,
ἀλλ' οἷον τὸν Τηλεφίδην κατενήρατο χαλκῷ,
[520] ἥρω' Εὐρύπυλον, πολλοὶ δ' ἀμφ' αὐτὸν ἑταῖροι
Κήτειοι κτείνοντο γυναίων εἵνεκα δώρων.
κεῖνον δὴ κάλλιστον ἴδον μετὰ Μέμνονα δῖον.
αὐτὰρ ὅτ' εἰς ἵππον κατεβαίνομεν, ὃν κάμ' Ἐπειός,
Ἀργείων οἱ ἄριστοι, ἐμοὶ δ' ἐπὶ πάντα τέταλτο,
[525] ἠμὲν ἀνακλῖναι πυκινὸν λόχον ἠδ' ἐπιθεῖναι,
ἔνθ' ἄλλοι Δαναῶν ἡγήτορες ἠδὲ μέδοντες
δάκρυά τ' ὠμόργνυντο τρέμον θ' ὑπὸ γυῖα ἑκάστου·
κεῖνον δ' οὔ ποτε πάμπαν ἐγὼν ἴδον ὀφθαλμοῖσιν
οὔτ' ὠχρήσαντα χρόα κάλλιμον οὔτε παρειῶν
[530] δάκρυ ὀμορξάμενον· ὁ δέ γε μάλα πόλλ' ἱκέτευεν
ἱππόθεν ἐξέμεναι, ξίφεος δ' ἐπεμαίετο κώπην
καὶ δόρυ χαλκοβαρές, κακὰ δὲ Τρώεσσι μενοίνα.
ἀλλ' ὅτε δὴ Πριάμοιο πόλιν διεπέρσαμεν αἰπήν,
μοῖραν καὶ γέρας ἐσθλὸν ἔχων ἐπὶ νηὸς ἔβαινεν
[535] ἀσκηθής, οὔτ' ἄρ βεβλημένος ὀξέι χαλκῷ
οὔτ' αὐτοσχεδίην οὐτασμένος, οἷά τε πολλὰ
γίγνεται ἐν πολέμῳ· ἐπιμὶξ δέ τε μαίνεται Ἄρης.'
ὣς ἐφάμην, ψυχὴ δὲ ποδώκεος Αἰακίδαο
φοίτα μακρὰ βιβᾶσα κατ' ἀσφοδελὸν λειμῶνα,
[540] γηθοσύνη ὅ οἱ υἱὸν ἔφην ἀριδείκετον εἶναι.
αἱ δ' ἄλλαι ψυχαὶ νεκύων κατατεθνηώτων
ἕστασαν ἀχνύμεναι, εἴροντο δὲ κήδε' ἑκάστη.
οἴη δ' Αἴαντος ψυχὴ Τελαμωνιάδαο
νόσφιν ἀφεστήκει, κεχολωμένη εἵνεκα νίκης,

[510]   Quando deliberávamos junto à urbe de Troia,
        sempre primeiro falava e não errava nos ditos;
        somente o sublime Nestor e eu o vencíamos.
        E quando com bronze lutávamos na planície troiana,
        nunca ficava na tropa dos varões, nem na turba,
[515]   mas corria à frente com força que outro não tinha;
        muitos varões matou na terrível batalha.
        Não contarei nem direi o nome de todos
        quantos matou, impecável, defendendo os argivos,
        mas só que com o bronze matou o teléfida,
[520]   o herói Eurípilo e tantos de seus companheiros
        ceteus, que morreram devido a presentes à esposa.
        Ele foi o mais belo que vi, depois de Mêmnon divino.
        Quando descemos ao cavalo que Epeu fabricara,
        os melhores argivos, e tudo me foi atribuído,
[525]   tanto abrir a solerte cilada como fechá-la;
        então, outros líderes e comandantes dos dânaos
        secavam lágrimas e seus membros tremiam embaixo;
        mas nunca o vi, de modo algum, com meus olhos,
        nem ficar pálida a bela pele, nem de suas faces
[530]   secar as lágrimas: suplicava, amiúde,
        por sair do cavalo, e tomava o cabo da espada
        e a grave lança de bronze, visando o mal aos troianos.
        Mas quando pilhamos a íngreme pólis de Príamo,
        com quinhão e nobre prêmio embarcou no navio,
[535]   incólume, nem ferido por bronze afiado,
        nem lesado no corpo a corpo, como amiúde
        ocorre na guerra: Ares, no tumulto, enlouquece.'
        Assim falei, e a alma do Eácida de pés velozes
        visitou a passos largos o campo de asfódelos,
[540]   com júbilo, pois eu lhe disse ser notável seu filho.
        E as outras almas dos mortos defuntos, que estavam
        de pé, aflitas narravam, cada qual, suas dores.
        Solitária, a alma de Ájax Telamoníada
        ficou afastada, raivosa devido à vitória

[545] τήν μιν ἐγὼ νίκησα δικαζόμενος παρὰ νηυσὶ
τεύχεσιν ἀμφ᾽ Ἀχιλῆος: ἔθηκε δὲ πότνια μήτηρ.
παῖδες δὲ Τρώων δίκασαν καὶ Παλλὰς Ἀθήνη.
ὣς δὴ μὴ ὄφελον νικᾶν τοιῷδ᾽ ἐπ᾽ ἀέθλῳ:
τοίην γὰρ κεφαλὴν ἕνεκ᾽ αὐτῶν γαῖα κατέσχεν,
[550] Αἴανθ᾽, ὃς πέρι μὲν εἶδος, πέρι δ᾽ ἔργα τέτυκτο
τῶν ἄλλων Δαναῶν μετ᾽ ἀμύμονα Πηλεΐωνα.
τὸν μὲν ἐγὼν ἐπέεσσι προσηύδων μειλιχίοισιν:
'Αἶαν, παῖ Τελαμῶνος ἀμύμονος, οὐκ ἄρ᾽ ἔμελλες
οὐδὲ θανὼν λήσεσθαι ἐμοὶ χόλου εἵνεκα τευχέων
[555] οὐλομένων; τὰ δὲ πῆμα θεοὶ θέσαν Ἀργείοισι,
τοῖος γάρ σφιν πύργος ἀπώλεο: σεῖο δ᾽ Ἀχαιοὶ
ἶσον Ἀχιλλῆος κεφαλῇ Πηληϊάδαο
ἀχνύμεθα φθιμένοιο διαμπερές: οὐδέ τις ἄλλος
αἴτιος, ἀλλὰ Ζεὺς Δαναῶν στρατὸν αἰχμητάων
[560] ἐκπάγλως ἤχθηρε, τεῒν δ᾽ ἐπὶ μοῖραν ἔθηκεν.
ἀλλ᾽ ἄγε δεῦρο, ἄναξ, ἵν᾽ ἔπος καὶ μῦθον ἀκούσῃς
ἡμέτερον: δάμασον δὲ μένος καὶ ἀγήνορα θυμόν.᾽
ὣς ἐφάμην, ὁ δέ μ᾽ οὐδὲν ἀμείβετο, βῆ δὲ μετ᾽ ἄλλας
ψυχὰς εἰς Ἔρεβος νεκύων κατατεθνηώτων.
[565] ἔνθα χ᾽ ὅμως προσέφη κεχολωμένος, ἤ κεν ἐγὼ τόν:
ἀλλά μοι ἤθελε θυμὸς ἐνὶ στήθεσσι φίλοισι
τῶν ἄλλων ψυχὰς ἰδέειν κατατεθνηώτων.
ἔνθ᾽ ἦ τοι Μίνωα ἴδον, Διὸς ἀγλαὸν υἱόν,
χρύσεον σκῆπτρον ἔχοντα, θεμιστεύοντα νέκυσσιν,
[570] ἥμενον, οἱ δέ μιν ἀμφὶ δίκας εἴροντο ἄνακτα,
ἥμενοι ἑσταότες τε κατ᾽ εὐρυπυλὲς Ἄϊδος δῶ.
τὸν δὲ μετ᾽ Ὠρίωνα πελώριον εἰσενόησα
θῆρας ὁμοῦ εἰλεῦντα κατ᾽ ἀσφοδελὸν λειμῶνα,
τοὺς αὐτὸς κατέπεφνεν ἐν οἰοπόλοισιν ὄρεσσι
[575] χερσὶν ἔχων ῥόπαλον παγχάλκεον, αἰὲν ἀαγές.
καὶ Τιτυὸν εἶδον, Γαίης ἐρικυδέος υἱόν,
κείμενον ἐν δαπέδῳ: ὁ δ᾽ ἐπ᾽ ἐννέα κεῖτο πέλεθρα,
γῦπε δέ μιν ἑκάτερθε παρημένω ἧπαρ ἔκειρον,
δέρτρον ἔσω δύνοντες, ὁ δ᾽ οὐκ ἀπαμύνετο χερσί:

[545] que obtive sobre ele no julgamento, nas naus,
sobre as armas de Aquiles. A mãe soberana ofertou-as
e filhos de troianos e Palas Atena julgaram.
Antes eu não tivesse vencido a contenda:
pois, por causa disso, a terra cobriu tal cabeça,
[550] Ájax, que era superior em aspecto e em feitos
aos outros Dânaos, depois do impecável pelida.
A ele dirigi, então, as méleas palavras:
'Ájax, filho de Télamo impecável, não ias
nem morto esquecer do rancor por mim por causa das armas
[555] funestas? Os deuses as fizeram infortúnio aos argivos;
qual torre para eles, pereceste: por ti, os aqueus,
assim como pela cabeça de Aquiles Pelida,
afligiram-se ao morreres, sem parar; nenhum outro
é culpado, mas Zeus odiou de modo horrível a tropa
[560] de lanceiros dânaos, e impôs a ti o destino.
Mas vem cá, senhor, para ouvires voz e relato
nossos: domina o furor e o ânimo ufano.'
Assim falei; ele nada respondeu e, após outras
almas de mortos defuntos, seguiu para o Érebo.
[565] Aí me falaria, mesmo com ira, e eu a ele;
mas o meu ânimo, em meu peito amistoso,
Quis avistar as almas de outros defuntos.
Vi então Minos, glorioso filho de Zeus,
com áureo cetro, ministrando normas aos mortos,
[570] sentado, e eles, em torno, pediam ao rei as sentenças,
sentados e em pé na casa de Hades, de largos portões.
E notei, depois, o portentoso Órion, reunindo
feras pelo prado de asfódelos, que ele
mesmo matou nas solitárias montanhas
[575] com a clava plenibrônzea na mão, inquebrável.
E vi Tício, filho da magnífica Terra,
deitado no solo: e ele jazia por nove jeiras,
e dois abutres, cada um de um lado, feriam-lhe o fígado,
imergindo nas vísceras, e ele não os repelia

[580] Λητὼ γὰρ ἕλκησε, Διὸς κυδρὴν παράκοιτιν,
Πυθώδ' ἐρχομένην διὰ καλλιχόρου Πανοπῆος.
καὶ μὴν Τάνταλον εἰσεῖδον κρατέρ' ἄλγε' ἔχοντα
ἑστεῶτ' ἐν λίμνῃ: ἡ δὲ προσέπλαζε γενείῳ:
στεῦτο δὲ διψάων, πιέειν δ' οὐκ εἶχεν ἑλέσθαι:
[585] ὁσσάκι γὰρ κύψει' ὁ γέρων πιέειν μενεαίνων,
τοσσάχ' ὕδωρ ἀπολέσκετ' ἀναβροχέν, ἀμφὶ δὲ ποσσὶ
γαῖα μέλαινα φάνεσκε, καταζήνασκε δὲ δαίμων.
δένδρεα δ' ὑψιπέτηλα κατὰ κρῆθεν χέε καρπόν,
ὄγχναι καὶ ῥοιαὶ καὶ μηλέαι ἀγλαόκαρποι
[590] συκέαι τε γλυκεραὶ καὶ ἐλαῖαι τηλεθόωσαι:
τῶν ὁπότ' ἰθύσει' ὁ γέρων ἐπὶ χερσὶ μάσασθαι,
τὰς δ' ἄνεμος ῥίπτασκε ποτὶ νέφεα σκιόεντα.
καὶ μὴν Σίσυφον εἰσεῖδον κρατέρ' ἄλγε' ἔχοντα
λᾶαν βαστάζοντα πελώριον ἀμφοτέρῃσιν.
[595] ἦ τοι ὁ μὲν σκηριπτόμενος χερσίν τε ποσίν τε
λᾶαν ἄνω ὤθεσκε ποτὶ λόφον: ἀλλ' ὅτε μέλλοι
ἄκρον ὑπερβαλέειν, τότ' ἀποστρέψασκε κραταιίς:
αὖτις ἔπειτα πέδονδε κυλίνδετο λᾶας ἀναιδής.
αὐτὰρ ὅ γ' ἂψ ὤσασκε τιταινόμενος, κατὰ δ' ἱδρὼς
[600] ἔρρεεν ἐκ μελέων, κονίη δ' ἐκ κρατὸς ὀρώρει.
τὸν δὲ μετ' εἰσενόησα βίην Ἡρακληείην,
εἴδωλον: αὐτὸς δὲ μετ' ἀθανάτοισι θεοῖσι
τέρπεται ἐν θαλίῃς καὶ ἔχει καλλίσφυρον Ἥβην,
παῖδα Διὸς μεγάλοιο καὶ Ἥρης χρυσοπεδίλου.
[605] ἀμφὶ δέ μιν κλαγγὴ νεκύων ἦν οἰωνῶν ὥς,
πάντοσ' ἀτυζομένων: ὁ δ' ἐρεμνῇ νυκτὶ ἐοικώς,
γυμνὸν τόξον ἔχων καὶ ἐπὶ νευρῆφιν ὀιστόν,
δεινὸν παπταίνων, αἰεὶ βαλέοντι ἐοικώς.
σμερδαλέος δέ οἱ ἀμφὶ περὶ στήθεσσιν ἀορτὴρ
[610] χρύσεος ἦν τελαμών, ἵνα θέσκελα ἔργα τέτυκτο,
ἄρκτοι τ' ἀγρότεροί τε σύες χαροποί τε λέοντες,
ὑσμῖναί τε μάχαι τε φόνοι τ' ἀνδροκτασίαι τε.
μὴ τεχνησάμενος μηδ' ἄλλο τι τεχνήσαιτο,
ὃς κεῖνον τελαμῶνα ἑῇ ἐγκάτθετο τέχνῃ.

[580] com as mãos: arrastara Leto, a preclara esposa de Zeus,
       ao ir ela a Pito, por Panopeu, o de belos coros.
       E vi Tântalo, sim, com suas dores atrozes,
       de pé na lagoa; a água se aproximava do queixo,
       e ele em pé, sedento, não conseguia bebê-la:
[585] quantas vezes o velho, ansiando beber, se curvava,
       tantas vezes a água sumia, engolida,
       e a terra negra surgia-lhe aos pés; o nume a secava.
       Árvores de altas copas vertiam frutas do topo,
       pereiras e romãzeiras, macieiras de esplêndidos frutos,
[590] doces figueiras e oliveiras viçosas;
       mas toda vez que o velho se erguia a fim de tocá-las,
       o vento as lançava para as nuvens sombrias.
       E vi Sísifo, sim, com suas dores atrozes,
       alçando a portentosa pedra com ambos os braços.
[595] Nas mãos e nos pés apoiado, ele empurrava
       a pedra encosta acima; mas quando ia
       passar pelo cimo, a força se revertia;
       e, então, rolava de volta ao solo a pedra insolente.
       Erguendo-se, ele de novo a empurrava, com muito esforço;
[600] suor lhe escorria dos membros, e erguia-se pó da cabeça.
       E percebi, depois, a violência de Héracles,
       o espectro: entre os deuses imortais, ele próprio
       se compraz em festas com Hebe de pés graciosos,
       filha de Zeus grandioso e Hera de áureas sandálias.
[605] Em torno dele, clangor de mortos tal como de aves,
       por todo lado, assustadas: feito noite trevosa,
       trazia seu arco desnudo e, nas cordas, a flecha,
       com olhar temível, prestes a atirar, todo o tempo.
       Era horrenda a correia ao redor de seu peito,
[610] áureo cinturão com obras divinas,
       ursos e porcos selvagens, leões de olhos luzentes,
       batalhas, combates, massacres e homicídios.
       Que nenhum outro igual a esse produza
       aquele que fez o cinturão com sua arte.

[615] ἔγνω δ' αὖτ' ἔμ' ἐκεῖνος, ἐπεὶ ἴδεν ὀφθαλμοῖσιν,
καί μ' ὀλοφυρόμενος ἔπεα πτερόεντα προσηύδα:
'διογενὲς Λαερτιάδη, πολυμήχαν' Ὀδυσσεῦ,
ἆ δείλ', ἦ τινὰ καὶ σὺ κακὸν μόρον ἡγηλάζεις,
ὅν περ ἐγὼν ὀχέεσκον ὑπ' αὐγὰς ἠελίοιο.
[620] Ζηνὸς μὲν πάϊς ἦα Κρονίονος, αὐτὰρ ὀιζὺν
εἶχον ἀπειρεσίην: μάλα γὰρ πολὺ χείρονι φωτὶ
δεδμήμην, ὁ δέ μοι χαλεποὺς ἐπετέλλετ' ἀέθλους.
καί ποτέ μ' ἐνθάδ' ἔπεμψε κύν' ἄξοντ': οὐ γὰρ ἔτ' ἄλλον
φράζετο τοῦδέ γέ μοι κρατερώτερον εἶναι ἄεθλον:
[625] τὸν μὲν ἐγὼν ἀνένεικα καὶ ἤγαγον ἐξ Ἀίδαο:
Ἑρμείας δέ μ' ἔπεμψεν ἰδὲ γλαυκῶπις Ἀθήνη.'
ὣς εἰπὼν ὁ μὲν αὖτις ἔβη δόμον Ἄϊδος εἴσω,
αὐτὰρ ἐγὼν αὐτοῦ μένον ἔμπεδον, εἴ τις ἔτ' ἔλθοι
ἀνδρῶν ἡρώων, οἳ δὴ τὸ πρόσθεν ὄλοντο.
[630] καί νύ κ' ἔτι προτέρους ἴδον ἀνέρας, οὓς ἔθελόν περ,
Θησέα Πειρίθοόν τε, θεῶν ἐρικυδέα τέκνα:
ἀλλὰ πρὶν ἐπὶ ἔθνε' ἀγείρετο μυρία νεκρῶν
ἠχῇ θεσπεσίῃ: ἐμὲ δὲ χλωρὸν δέος ᾕρει,
μή μοι Γοργείην κεφαλὴν δεινοῖο πελώρου
[635] ἐξ Ἀίδεω πέμψειεν ἀγαυὴ Περσεφόνεια.
αὐτίκ' ἔπειτ' ἐπὶ νῆα κιὼν ἐκέλευον ἑταίρους
αὐτούς τ' ἀμβαίνειν ἀνά τε πρυμνήσια λῦσαι.
οἱ δ' αἶψ' εἴσβαινον καὶ ἐπὶ κληῖσι καθῖζον.
τὴν δὲ κατ' Ὠκεανὸν ποταμὸν φέρε κῦμα ῥόοιο,
[640] πρῶτα μὲν εἰρεσίῃ, μετέπειτα δὲ κάλλιμος οὖρος.

[615] Ele logo reconheceu-me ao me ver com seus olhos,
e lamurioso me disse as palavras aladas:
'Divino Laercíada, Odisseu multiastuto,
infeliz, arrastas, também, um destino nefasto,
o que eu mesmo sofria, sob os raios de Hélio.
[620] Eu era filho de Zeus Cronida, mas padecia
dores infindas: por muito tempo, fui submetido
a homem muito inferior, que árduas provas me impunha.
Certa vez cá me enviou a fim de o cão conduzir:
pensou que outra prova não me seria mais árdua que essa;
[625] mas o fiz subir e o levei para fora do Hades:
Hermes e Atena de olhos glaucos me guiaram.'
Assim tendo dito, de novo ele foi à casa de Hades,
e eu lá fiquei, firme, à espera, caso algum outro
dos varões heróis, que morreram outrora, viesse.
[630] E eu veria, ainda, varões precursores, os que eu queria,
Teseu e Pirítoo, insignes filhos dos deuses:
mas, antes, se uniram miríades de grupos de mortos
com rumor prodigioso: tomou-me o lívido medo
de que a cabeça, temível portento, de Górgona
[635] a mim enviasse do Hades a nobre Perséfone.
Logo, então, fui à nau e ordenei a meus companheiros
que embarcassem e as amarras da popa soltassem;
eles logo embarcaram e sentaram-se aos remos.
O fluxo ondeante levou a nau pelo rio Oceano,
[640] primeiro a remos, depois por vento propício.

SOBRE A RECRIAÇÃO
DO CANTO XI DA ODISSEIA

Este trabalho[1] representa, em certo grau, um mergulho num meio habitado por múltiplas traduções do mesmo texto. Cada um dos "espectros" revive a cada vez que se o compara com outros, compondo-se um espaço próprio de diálogo delimitado. Esse ambiente pode ser simbolicamente análogo à casa de Hades, explorada por meio da minha própria tradução do Canto XI da *Odisseia* de Homero e por referências acerca do descenso ao mundo das almas – *catábasis* –, passível de valer como metáfora do próprio labor de traduzir e do estudo sobre ele.

[1] Observação: os tópicos "O Uso de Metáforas Como Recurso Para a Compreensão da Tarefa Tradutória", "A Última Viagem de Odisseu" e "A Recriação Rítmico-Métrica em Tradução de Poesia Antiga", que integram este trabalho, incorporam, com alterações, artigos por mim publicados; são eles, respectivamente: Sobre Conceituação Metafórica e Variabilidade Operacional em Tradução Poética no Brasil, em A. Faleiros et al. (orgs.), *Jornada Tradusp: Tradução e Poética*, p. 13-25; O Confronto Com o Impossível, *Revista Circuladô*, disponível em: <http://casadasrosas.org.br/centro-de-referencia-haroldo-de-campos/revista-circulado-ed6>; e Questões de Equivalência Métrica em Tradução de Poesia Antiga, *Revista Letras*, v. 89.

Entre os espectros prodigiosos, assombram-me: a síntese refinada e a sintaxe como um corpo que se contorce ("barrocamente") e a concentração de efeitos estéticos da tradução de Odorico Mendes; o colossal empreendimento de Carlos Alberto Nunes, que alimenta, entre nós, como base vigorosa, a retomada hodierna de metros de base acentual; a dimensão inventiva da recriação de Trajano Vieira, associada à linhagem das concepções de Haroldo de Campos, cuja desenvoltura criadora se dedica a reinventar a tradição por meio dos recursos que lhe são presentes, resultantes de reescritas sobrepostas e depuradas; a portentosa tradução de Christian Werner, bem construída e precisa teia de correspondências semânticas e sintáticas com o original grego; a engendrada façanha de André Malta, que associa tais correspondências ao emprego de uma configuração métrica assentada em coerência conceitual; as articuladas fluência e clareza dos versos livres de Frederico Lourenço; a liberdade elaborada dos versos comunicantes da versão de Donaldo Schüler. Esses os recolhidos como referência espectral, à mão, revivescidos a cada releitura.

Atravessar um contexto como esse é jornada ameaçadora, se se procura sair dela com alguma consistência e integridade. O caminho que escolhi encerra alguns sinais de reconhecimento, pontos de decisão interna ao avanço, tocados a seguir.

A opção mais geral e fundamental será dada por uma busca de compatibilização, pela via da circunstância delimitada, de mundos distantes: das marcas da composição oral com a poesia lida agora; da estética da repetição com a necessidade de fruição estética em nossa poesia; da versificação de base quantitativa com a de base qualitativa. Propõe-se, portanto, o convívio entre características textuais próprias da criação original e a renovação, que necessariamente envolve escolhas criativas, dificilmente objetiváveis, correspondentes a referências e expectativas do próprio tradutor – no limite, o senso de harmonização estética inelutavelmente subjetivo, ainda que possa ser compartilhado numa avaliação crítica.

Assim, marcas da oralidade presentes no texto, suas repetições de sintagmas e, particularmente, de fórmulas e epítetos serão considerados e adotados de modo a se utilizarem, em princípio, os mesmos termos em nossa língua para aqueles empregados nos versos gregos, mas – frise-se – não irrestritamente: o limite desse uso se dá a partir de critérios próprios de clareza da significação, da eficiência comunicativa – tendo-se em conta o receptor do texto traduzido, em nosso próprio contexto – e da configuração formal (incluindo-se, nesta, o padrão versificatório proposto, acentual, a ser apresentado adiante), conforme a percepção do tradutor, resultante de sua própria história de convivência com a arte poética.

O trabalho recriador, portanto, não será atrelado rigorosamente à obrigatoriedade mecânica da repetição, seja em termos semânticos, seja em termos sintáticos ou de posicionamento das expressões formulares da épica homérica; não se perde de vista o fator comunicativo do presente, avistando-se, ainda que a grande distância, a noção desfavorável à repetição anunciada por Odorico Mendes[2]. A procura de padrões flexíveis como base composicional reflete-se nas opções semânticas, nas estruturas sintáticas e na constituição do verso segundo um sistema cogitado por apresentar a maleabilidade desejável à recriação tal como se a propõe.

A correspondência a compósitos do grego também se dará com base no princípio da flexibilidade associada à correspondência indicativa, ou indicial, de sua presença no poema original: diversos serão os expedientes adotados para tal correspondência, que vão da simples explicitação de seu significado (como de "de pés velozes" por ποδώκης, repetindo-se o mesmo sintagma nas vezes em que o epíteto ocorre) à formação de neologismos compostos (à maneira odoriquiana, como "multiastuto", por πολυμήχανος). Aos compostos por justaposição – largamente empregados por Haroldo de Campos, em sua *Ilíada*, e por Trajan Vieira (que fazem conviver esse expediente com o da formação adjetival de base latina, como em Odorico), e mais amplamente utilizados por Christian Werner – reserva-se presença restrita a casos que incluem a ação verbal, como em "treme-terra", por ἐννοσίγαιος, nos quais tal uso nos parece particularmente pertinente.

Quanto à estranheza que a leitura de certas estruturas pode suscitar, também esse aspecto foi tratado segundo uma noção de inteligibilidade e

---

[2] A visão de Odorico encontra correspondência em outros tradutores de Homero, inclusive em seu antecessor de língua inglesa Alexander Pope (1688-1744): "Com relação ao todo, será necessário evitar a repetição contínua dos mesmos epítetos que encontramos em Homero e que, embora possam soar bem para aquela época [...], não podem, de modo algum, servir à nossa." (A. Pope, Do "Prefácio" da Ilíada, em J. Milton; D. Villa [orgs.], *Os Escritos Clássicos Ingleses Sobre a Tradução – 1615-1791*, p. 118).

necessária fluência, conforme a leitura do próprio tradutor, que determinam os lindes dos resultados. Assim, diante do antigo "dilema" anunciado por Schleiermacher – "ou bem o tradutor deixa o escritor o mais tranquilo possível e faz com que o leitor vá a seu encontro, ou bem deixa o mais tranquilo possível o leitor e faz com que o escritor vá a seu encontro"[3] –, que tem sido objeto de outros autores e se redefinido por meio de oposições como "estrangeirização x domesticação" (na proposição de Lawrence Venuti[4]), e que no caso da épica grega ganha altas proporções devido à grande distância temporal e contextual entre o original e a tradução e às diversas naturezas das composições oral e escrita –, busca-se um caminho de "negociação"[5] que tanto permita o acesso do leitor a um repertório linguístico-estético que lhe é estranho, quanto a fruição comunicativa e estilística no contexto literário de sua própria língua.

Por fim, incluo citações do pensamento de Jaa Torrano acerca de tradução, que, expresso por meio de passagens em textos seus, representa também, sob os aspectos aqui focalizados, uma referência ao nosso próprio trabalho tradutório. No texto "A Dialética Trágica na *Oresteia* de Ésquilo"[6], Torrano identifica "quatro ordens de exigências[7], às quais a tradução busca atender", visando a "assegurar coerência, clareza e acribia à transposição, para a língua vernácula, desse sistema reiterativo e inter-referente de imagens e de noções míticas, presente em cada uma das três tragédias da *Oresteia* de Ésquilo". Extensiva a seu propósito de tradução, de modo geral,

[3] Sobre os Diferentes Métodos de Tradução, em W. Heidermann (org.), *Clássicos da Teoria da Tradução*. V. 1: *Alemão-Português*, p. 57.
[4] Ver *The Translator's Invisibility: A History of Translation*.
[5] Guardadas as distâncias conceituais e contextuais, valho-me das palavras de John Dryden: "Negocio com os vivos e com os mortos para enriquecimento de nossa língua nativa." (J. Dryden, Da Dedicatória à Eneida, em J. Milton; D. Villa [orgs.], op. cit., p. 89.)
[6] A Dialética Trágica na Oresteia de Ésquilo, em Ésquilo, *Agamêmnon*, p. 13-14.
[7] As referidas "ordens de exigências" dizem respeito à tarefa em questão, que é a tradução de tragédia, valorizando-se, entre outros aspectos próprios do gênero, a finalidade de oralização. As quatro "ordens" são as seguintes: "1. as exigências relativas ao vocabulário com que se dizem as noções míticas mais importantes e como se cria o sistema de inter-referências; 2. a exigência de que se tome o verso como unidade mínima básica constitutiva do poema dramático; 3. a de que se recorra ao verso livre como expediente para preservar o jogo entre as noções fundamentais próprias da cultura grega antiga e presentes no texto [...]; 4. as exigências relativas ao respeito rigoroso pela índole do português falado no Brasil, de modo a obter-se [...] compreensão imediata do texto vernáculo quando dito em voz alta [...]."

como se pode depreender da observação de suas produções, a tríade "coerência, clareza e acribia" pode iluminar as bases de um empreendimento de recriação como o nosso, ilimitada que é em relação ao objeto de tradução. As afirmações de Jaa Torrano acerca da "transcrição" de Guilherme de Almeida da tragédia *Antígone*, de Sófocles – "A meu ver, essa etiqueta de 'transcrição', mais do que implica, ressalta duas características que considero decisivas desta tradução: 1. o respeito pela integridade do verso e 2. o respeito pela comunicabilidade imediata do verso" – espelham, penso, suas próprias convicções acerca do fazer tradutório, razão pela qual abre-se, aqui, essa vertente de comentário: suas traduções de literatura grega[8] alcançam, no Brasil, um patamar elevado de referência, em virtude, creio, de sua identidade relacionada à profunda intimidade do autor com o pensamento mítico e sua expressão no próprio idioma helênico, de modo a permitir-lhe a recriação, notadamente em nível sintático, de uma dicção própria das composições originais. No plano formal, destaca-se a nítida percepção de uma rítmica – tanto no sentido estrito de ritmo, como naquele amplo proposto por Meschonnic como caracterização do poético –, embora sua opção seja pelo verso livre (talvez mais acertado seja entendê-lo como verso polimétrico, pelo modo delimitado com que se articula seu trânsito por medidas e configurações), utilizado de maneira a propiciar a almejada dinâmica do pensamento; para Torrano,

> considerado em sua integridade, o verso seria uma forma simultaneamente sensível e inteligível [...] Dada a complexidade e a variedade da métrica e do ritmo da língua grega antiga, a transposição é sempre analógica e aproximativa, assim como também o é a recriação em português da unidade morfossintática do verso grego.

Para o tradutor, "a transposição opera uma equivalência sintagma a sintagma", que "traz consigo uma equivalência morfossemântica entre o verso

---

8 Conhecido especialmente por sua referencial tradução do poema épico "Teogonia", de Hesíodo (em cuja "Dedicatória" se lê "A força do Sábio está em saber dizer o já dito com o mesmo vigor com que foi dito pela primeira vez", e cujo verso inicial é "Pelas Musas heliconíades comecemos a cantar"), é autor de *Eurípides – Teatro Completo* e *Ésquilo – Tragédias*, entre outros.

grego e o português", preservando-se neste último "o recorte da realidade operado pelo verso grego, bem como a dinâmica do pensamento, que percorre esses recortes e assim encontra a forma dianoética que o configura".[9]

Acerca da questão da "integridade do verso", é oportuno nos referirmos ao verso homérico sob o aspecto da completude – ou não – de seu sentido e, portanto, do uso que faz de *enjambement*, pois isso tem implicações em nossa tradução. A esse respeito, pode-se ler no verbete "enjambement", de *The Princeton Encyclopedia of Poetry & Poetics*:

> O hexâmetro é predominantemente finalizado, tal como o verso sânscrito. Embora os hexâmetros de Homero sejam mais frequentemente encadeados do que, digamos, aqueles dos escritores helenísticos, muitas vezes é difícil discernir a motivação poética por trás dos *enjambements* (o efeito de *enjambement* na poesia oral e na canção pode ser diferente daquele do verso escrito).[10]

Milman Parry assim aborda a questão do *enjambement*:

> Num sentido amplo, existem três maneiras em que o sentido no fim de um verso pode estar diante daquele do início de um outro. Primeiramente, o final do verso pode cair no final de uma frase e o novo verso começa uma nova frase. Neste caso, não há *enjambement*. Em segundo lugar, o verso pode acabar com um grupo de palavras de tal maneira que a frase, no fim do verso, já indique um pensamento completo, apesar de continuar no verso seguinte, adicionando ideias livres por meio de novos grupos de palavras. Para este tipo de *enjambement* podemos aplicar o termo de Denis, *não periódico*. Em terceiro lugar, o fim do verso pode cair no fim de um grupo de palavras em que ainda não há um pensamento completo, ou ele pode cair no meio de um grupo de palavras; em ambos os casos o *enjambement* é *obrigatório*. [...][11]

---

9 Jaa Torrano, "Antigone" de Sófocles: Guilherme e Epígonos, *Revista Re-Produção*, v. 7.
10 R. Greene [ed.], *The Princeton Encyclopedia of Poetry & Poetics*, p. 435. Tradução nossa, assim como em todas as demais citações em outras línguas cujo tradutor não esteja identificado.
11 The Distinctive Character of Enjambement in Homeric Verse, TAPhA (*Transactions and Proceedings of the American Philological Association*), n. 60, p. 203-204.

Segundo Christian Werner,

> [os *enjambements*, em Homero,] são de vários tipos quanto à estrutura sintática, grosso modo os que ocorrem quando o sentido de um verso está completo no final, mas o verso seguinte compõe sua expansão [...] e aqueles na sua variação sintaticamente mais marcada, quando uma frase carece de um elemento essencial ao final do verso [...], estes menos comuns[12].

A Recriação Rítmico-Métrica em Tradução de Poesia Antiga

A busca do tradutor de poesia pelo estabelecimento de correspondências entre o texto traduzido e o original (que envolve diferentes noções acerca de fidelidade), encerra, fundamentalmente, a ideia de *equivalência*. Esta consiste, na visão de Anthony Pym, num dos paradigmas em que se podem enquadrar as teorias da tradução; e tratar-se-ia de um paradigma persistente: para o autor, os princípios básicos da equivalência, em suas diferentes versões, "subjazem na maior parte do trabalho realizado em tradutologia"[13]. Pym constata que a equivalência não morreu, ainda que tenha sido questionada pelo pós-estruturalismo, particularmente pelo pensamento desconstrucionista[14].

---

12 Da Tradução, op. cit., p. 96.
13 Ver *Teorías Contemporáneas de la Traducción*, disponível em: <https://www.researchgate.net>. O estudo, estruturado "em torno de paradigmas, e não de teorias, teóricos ou escolas individuais", examina os paradigmas baseados em "equivalência", "finalidade", "descrição", "indeterminação" e "localização". A referida obra encontra correspondência mais desenvolvida no livro de Pym publicado no Brasil pela Perspectiva, *Explorando Teorias da Tradução*.
14 Duas são as "razões profundas", mencionadas por Pym, para as dúvidas teóricas relativas à equivalência: a "instabilidade da 'origem'" ("a investigação descritiva mostra que as tarefas dos tradutores variam consideravelmente em função de seu posicionamento cultural e histórico") e o "ceticismo epistemológico" que pôs em dúvida as "certezas" próprias das diversas formas de estruturalismo.

Admitido como persistente, como deve ser entendido o paradigma de equivalência[15] no processo de tradução de poesia e, especialmente – focalizando-se o objeto de interesse deste artigo –, de poesia clássica? Veja-se o que diz, em sua tese de doutorado – voltada à tradução das *Odes Píticas* de Píndaro –, o tradutor Leonardo Antunes:

> Para nossa tradução, desejávamos propor uma solução que mimetizasse, de alguma forma, a estrutura métrica e rítmica que identificamos tanto nas odes D/e quanto nas odes logaédicas, visto que essas características são partes fundamentais de sua sonoridade. A forma que encontramos para tanto foi a de tomar algumas licenças, baseadas nos próprios recursos empregados pelo poeta, a fim de reconstruir em Português um ritmo semelhante àquele identificado no Grego.[16]

Note-se, na citação, o objetivo expresso de "reconstituição do ritmo", e, no parágrafo seguinte, a afirmação relativa à "maneira" de traduzir:

> Essa proposta é diferente da maneira que geralmente se traduz Píndaro no âmbito acadêmico. Nosso enfoque não é no sentido, como comumente se faz, mas no ritmo e na sonoridade. [...]
> Nosso objetivo, portanto, é trazer essa sonoridade para uma tradução em português por meio de um método rigoroso e embasado em fundamentos teóricos previamente delimitados, os quais, ao mesmo tempo, procuram elucidar a própria essência da métrica e da rítmica pindária.

Pode-se observar que o propósito de correspondência entre o poema traduzido e o original encerra uma noção de equivalência, no caso desse autor, diferente, em sua visão, daquela mais habitual no "âmbito acadêmico", que se caracterizaria pelo enfoque "no sentido". A apregoada necessidade de

---

15 Para Pym, "A equivalência [...] diz que a tradução tem o mesmo valor que o texto de partida, ou ao menos algum aspecto do referido texto. Às vezes esse valor se encontra em nível formal [...]; às vezes em nível referencial [...]; e outras vezes em nível funcional. (Op. cit., p. 23.)
16 *Métrica e Rítmica nas "Odes Píticas" de Píndaro*, p. 196.

correspondências formais, em tradução poética, tem vasta fundamentação, em diversos segmentos dos estudos linguísticos e literários[17]. No caso de Antunes, tais correspondências se voltam, como se poderá ver, à ideia de uma estrita correlação entre os esquemas métricos do texto traduzido e do original:

> Essa tradução foi realizada de forma a mimetizar, de forma bastante próxima, os dois padrões métricos e rítmicos que acreditamos ter identificado nas odes de Píndaro.
>
> Esses poucos recursos nos permitem fazer uma aproximação métrica dos poemas, a qual se completa e sustenta a partir da visão rítmica que propomos de que haja uma equivalência (por meio de pausas ou prolongamentos) entre esquemas métricos semelhantes (como um glicônio e telesíleo por exemplo) dentro dessas odes.
> [...] se se fizesse uma melodia para o texto Grego, usando a distribuição temporal que identificamos em nossas análises rítmicas, a mesma melodia poderia ser usada para o texto em Português.
> [...] um exemplo da tradução da primeira tríade ou estrofe:

EXEMPLO: **Pítica IX, 801**

Esq. grego: ⌣ | _ _ | ⌣ | _ _ ‖ _ ⌣ ⌣ | _ ⌣ ⌣ | ⌣ ‖

Esq. trad.: ⌣ | _ x | ⌣ | _ x ‖ _ ⌣ ⌣ | _ ⌣ ⌣ | ⌣ x ‖

Tradução: Áurea lira, **posse** em **comunhão** para **Apolo** e pras **Musas**

Como se vê, o autor considera que pode haver, em sua tradução, uma exata equivalência métrico-rítmica aos versos gregos, embora haja, em princípio, uma diferença essencial entre os sistemas de composição em ambas as línguas – o verso grego baseia-se num sistema quantitativo (que considera

[17] Um conjunto ensaístico a se destacar, entre nós – pela amplitude das reflexões que encerra e pelo que aponta de fontes referenciais sobre o tema, das quais se vale –, é o que reúne artigos de Haroldo de Campos, relativos à sua teoria da transcriação. Ver Marcelo Tápia; Thelma M. Nóbrega (orgs.), *Haroldo de Campos – Transcriação*.

a duração das sílabas: as longas duram o dobro das breves), e não qualitativo (fundamentado na distinção entre sílaba tônica e sílaba átona), como o verso em nosso idioma. O caminho pretendido de equivalência se viabiliza, contudo, no conceito de "compasso" como unidade dos versos, voltada à ideia de musicalização dos poemas.

Mas, antes de prosseguirmos com observações sobre tal proposta, que nos será útil para os objetivos deste artigo, comentemos que a já longa história de adaptação de padrões métricos antigos a idiomas neolatinos abrange diferentes concepções sobre os modos de correspondência entre os sistemas diversos de metrificação. Conforme explicita um verbete de *The Princeton Encyclopedia of Poetry & Poetics*[18], desde a Renascença houve tentativas de introduzir os princípios métricos do verso clássico greco-latino na versificação das línguas vernáculas – motivados pelo prestígio da poesia clássica, muitos escritores tomariam o verso clássico como referência para ampliar "a variedade de formas métricas em suas próprias tradições literárias"; tais tentativas teriam se dado especialmente nos séculos XV e XVI. Em torno do século XVII, as tradições do verso nativo se afirmariam, reduzindo-se a motivação para se adotarem Grécia e Roma como modelos; contudo, o desejo romântico de desafiar formas de verso estabelecidas produziria um ressurgimento do interesse em metros clássicos, especialmente na Alemanha (F.G. Klopstock) e na Inglaterra (S.T. Coleridge, Robert Southey), e o surgimento de um classicismo mais informado historicamente, no final do século XIX e início do XX, resultaria em novas tentativas de se conceberem equivalentes vernaculares exatos para os metros greco-latinos.

Distinguem-se, no referido verbete, dois tipos gerais de imitação de metros clássicos: o primeiro, o que busca estabelecer um princípio de quantidade no vernáculo para fundamentar a escansão; o segundo, o que mantém a proeminência fonológica da língua em questão como o marcador do metro, mas procura imitar ou reproduzir os padrões métricos de determinado verso.

Os dois tipos apresentados integram o conjunto definido no panorama da adaptação do metro clássico próprio da poesia épica (o hexâmetro

---

[18] Ver D. Attridge, Classical Meters in Modern Languages, em R. Greene (ed.), *The Princeton Encyclopedia of Poetry & Poetics*, p. 250-252.

dactílico[19]), elaborado por Francisco Pejenaute[20]. Segundo esse autor, um dos modos a se distinguirem de adaptação do hexâmetro ao espanhol – correspondente ao primeiro tipo de imitação já identificado – é aquele da "adaptação à maneira greco-latina", que procura considerar a duração das sílabas na língua vernácula, simulando-se o verso quantitativo, como neste exemplo de autoria de D. Sinibaldo de Mas (1809-1868), poeta que formulou regras de quantidade em castelhano, inspiradas em regras de quantidade nas línguas clássicas:

```
_  ∪∪ |  _  ∪  ∪ |  _  _| _   _ | _   | ∪ ∪ | _  _
Préstame, blanda  Musa,  el  encanto  aquel  melodioso

_   _| ∪ _   _|   ∪ |∪ ∪|  _    ∪ ∪ | _ |∪ ∪ | _  _
el  juego_ardiente,_el  hechizo,_el  sacro  cantico  dulce

_|  ∪∪ |_   _| _   ∪∪| _   _|  _  ∪∪ ∪| _
que_un  día  del  Xanto  célebre,  del  sesgo  Meandro

_   _| _   ∪∪|_   _| _   ∪ ∪ |  _  ∪ ∪| _   _
diera  a  las  riberas  grande  fama, póstumo  nombre
```

A tentativa é, portanto, de fazer valer a diferença de duração entre sílabas do espanhol; o comentário de Pejenaute sobre essa opção aponta a não funcionalidade relativa ao sistema, diante de um padrão instalado de leitura com base em tônicas: "Si algún ritmo tienen versos de este tipo, proviene de los acentos que, al final, aparecen según la fórmula de la cláusula hexamétrica ⏒ _ _ / _ ⏒ "[21].

Entre outros modos apontados por Pejenaute, encontra-se o da "adaptação pelo sistema 'scandere'" (correspondente ao segundo tipo de imitação antes mencionado), que compreende o estabelecimento da correspondência entre a sílaba longa dos versos antigos e a sílaba tônica das línguas modernas, assim como entre a sílaba breve e a sílaba átona, padrão este identificado

19   Verso composto de seis pés dáctilos, isto é, seis unidades formadas por uma sílaba longa e duas breves, sendo que estas poderiam ser substituídas por uma sílaba longa, gerando a mudança do dáctilo em espondeu (pé formado por duas sílabas longas); as substituições determinavam uma dinâmica, ou variabilidade rítmica dentro do padrão métrico.
20   La Adaptación de los Metros Clásicos en Castellano, *Estudios Clásicos*, XV, n. 63, p. 213.
21   "Se versos desse tipo possuem algum ritmo, este provém dos acentos que, no final, aparecem segundo a fórmula da cláusula hexamétrica."

com a tradição anglo-saxã de versificação[22]. Uma das submodalidades desse sistema seria o "hexâmetro dactílico puro", como o praticado por Pedro-Luis Heller, em sua tradução da *Ilíada*, de Homero:

> *Esta, pues, / fue hacia / él; y la / criada se/guia sus / pasos,*
> *sobre su / seno lle/vando al / cándido, / tierno in/fante,*[23]

Conforme é bem conhecido, essa opção adaptativa – passível de crítica pela regularidade e consequente "monotonia" que sua rítmica encerra, diferente da dinâmica própria dos versos baseados no sistema quantitativo – foi a adotada pelo poeta e tradutor brasileiro Carlos Alberto Nunes, como ilustram os versos seguintes:

> Musa, reconta-me os feitos do herói astucioso que muito
> Peregrinou, dês que esfez as muralhas sagradas de Troia,[24]

Contudo, o emprego do sistema acentual na versificação de língua portuguesa – forma mais comum de adaptação de padrões métricos clássicos – encontra, historicamente, resistências, devido ao conceito predominante da distinção entre os princípios de versificação das línguas germânicas e os das neolatinas. A esse respeito, lembre-se o que afirma Wolfgang Kayser:

> Um leitor português está habituado a que a ordem consista numa contagem fixa de sílabas, e na fixação de alguns acentos. De maneira semelhante se costuma estruturar o verso também nas outras línguas românicas. [...]
> [No verso germânico,] as sílabas são "pesadas", i. é, segundo o grau tônico, incluem-se nas duas categorias das sílabas tônicas e átonas. O verso apresenta-se como uma série ordenada de

---

[22] Esta, a partir da adoção de tal correspondência, caracteriza-se pelo emprego dos esquemas clássicos baseados em pés, construindo-se sobre versos jâmbicos, trocaicos e outros, correspondentes aos demais pés. Ver, por exemplo, W. Kayser, *Análise e Interpretação da Obra Literária*.
[23] F. Pejenaute, op. cit., p. 230.
[24] HOCAN, p. 28.

sílabas acentuadas e não acentuadas. Dentro do verso surgem assim pequenas unidades que são designadas como pés ou *compassos* (*Takte*).[25]

Em importante ensaio sobre versificação, Péricles Eugênio da Silva Ramos procura demonstrar que "se existe um abismo, em teoria, entre os sistemas germânico e novilatino, na prática desaparece esse abismo"[26]. Após observar que Kayser teria repetido o que dizem os "manuais correntes de metrificação portuguesa" – segundo os quais o sistema germânico seria silábico-acentual, e o das línguas neolatinas, silábico –, Ramos se vale de exemplos para mostrar que, se por um lado os padrões germânicos de pés são relativizados pela ocorrência de fenômenos que "contrariam a regra", falando-se em "substitution" (que pode ser anáclase ou "colocação de um pé trissilábico por um iambo, no *blank verse*"), por outro, a escansão – por exemplo – de versos camonianos (ou de poetas pré-românticos, como Silva Alvarenga, e românticos, como Castro Alves) indica "pentâmetros iâmbicos patentíssimos", entre outros versos silábico-acentuais.

As adaptações de metros clássicos em bases acentuais não seriam, assim, estranhas à tradição da versificação em nossa língua e em outros idiomas neolatinos. Houve e há, no entanto, como se mencionou, resistência a tal concepção, conforme também o demonstra, no século XIX, a observação de Antonio Feliciano de Castilho (1800-1875) na primeira edição de seu *Tratado de Metrificação* (1858): "A tentativa não já moderna, mas em que tanto insistiu modernamente o nosso, aliás bom engenho, Vicente Pedro Nolasco, de fazer versos portugueses hexâmetros e pentâmetros, é uma quimera sem o mínimo vislumbre de possibilidade."

O próprio Castilho, contudo, expressaria opinião diversa a respeito dos padrões adaptativos em edição posterior de seu *Tratado*[27], que traz exemplos

---

25 Op. cit., p. 82. O próprio Kayser menciona, contudo (referindo-se a modelos de odes clássicas), que "a adaptação da métrica antiga das odes também foi tentada nas línguas romànicas, ocasionalmente até com a aceitação do sistema quantitativo [...]. Porém, tal como nas literaturas germânicas, [...] não pôde dar resultado essa tentativa" (Ibidem, p. 92).
26 Os Princípios Silábico e Silábico-Acentual, *O Verso Romântico e Outros Ensaios*, p. 25.
27 Na edição de 1874 do *Tratado*, o autor emenda o seguinte comentário: "Entretanto, agora, [...] refletindo novamente na matéria, confessamos que a exclusão absoluta que fazíamos da metrificação latina para o português já nos não parece tão bem fundada. Subsiste sim ▶

de utilização de padrões métricos clássicos, incluindo-se poemas nos quais se atribui duração a sílabas do português (adaptação à maneira greco-romana). Ainda que esse modo de adaptação cause-nos estranheza, e não tenha efetivamente vingado como referência em composição e tradução poéticas[28], a correspondência entre longas e breves, de um lado, e tônicas e átonas, de outro, é aludida na terminologia usada por Olavo Bilac e Guimarães Passos em seu *Tratado de Versificação* (1910); nele, os autores utilizam as acepções "longa" e "breve" para se referirem às sílabas do verso em português. Diz o texto: "O acento predominante ou a pausa numa palavra é aquela sílaba em que parecemos insistir, assinalando-a [...] O som mais ou menos aberto da vogal não influi sobre o acento; a demora é, na pronunciação, o que o caracteriza. [...] A sílaba longa é que dá à palavra o nome de aguda, grave ou esdrúxula."[29]

Bilac e Passos, assim como outros teóricos da versificação, encontram apoio na lição do mesmo Castilho, que, em seu *Tratado*, reconhecia sílabas longas e breves nas palavras:

> Acento predominante ou pausa num vocábulo se chama aquela sílaba em que parecemos insistir, ou deter-nos mais, v. g.: em *louvo*, a primeira; em *louvado*, a segunda; [etc.]
> Toda a palavra tem necessariamente uma pausa, nem mais, nem menos. [...]
> *Levantamos* tem a terceira sílaba longa seguindo-se-lhe por consequência uma só breve; se juntando-lhe o complemento –

▷ a objeção de não haver em nossa língua as quantidades, como havia no latim; mas a essa pode-se responder que os entendedores desse belo idioma, dado o não saibam pronunciar, nem por consequência lhe possam conhecer as longas e as breves, não deixam contudo de reconhecer a harmonia dos versos de Virgílio ou de Ovídio [...] Esta só ponderação já persuade que o nosso ouvido, que assim aprecia esses metros pronunciados sem a respectiva prosódia antiga, e à portuguesa, bem pode por analogia achar música aceitável nos que em português se lhes assemelharem." (A.F. de Castilho, *Tratado de Metrificação Portuguesa – Seguido de Considerações Sobre a Declamação e a Poética*, p. 30-31.) Nesse fragmento da obra de 1874, cuja escrita é datada de 1871, Castilho refere-se a terem se passado quatro anos desde a quarta edição, o que mostra tratar-se de edição nova, ainda que permanecesse como "quarta".

28 A conclusão é sugerida, por exemplo, por Pejenaute, em citação incluída neste livro.
29 *Tratado de Versificação*, p. 44-45.

nos – disserdes *levantamo-nos*, sentireis depois daquela sílaba longa, não já uma só breve, mas duas breves; [...].³⁰

A possível correspondência entre as noções de sílabas longa/breve e tônica/átona aponta para a pertinência da escolha de se realizarem, em línguas modernas, versos imitativos de padrões métricos clássicos a partir da tonicidade das sílabas no idioma vernáculo. A noção de duração das sílabas na versificação em línguas modernas encontra sustentação nos modos de abordagem do verso com base na notação musical, conforme proposta de Geoffrey N. Leech³¹, de M. Cavalcanti Proença³² (que, por sua vez, menciona Spinelli e Echarri) e de Paulo Henriques Britto: em comum a esses autores, a indicação, por meio de símbolos musicais convencionais, da "duração relativa das sílabas e [d]as pausas e [d]as separações entre compassos"³³. Vejam-se, como exemplos, notações apresentadas por Leech³⁴:

♪♪ | ♪♪ | ɤ ♪♪ | ♪♪ | ♩
Éyeless in Gáza ∧ at the mill with sláves

[Milton, *Samson Agonistes*]

♪ | ♪♪ | ♪♪ | ɤ ♪♪ | ♪♪ | ♪♪
A thing of beáuty ∧ is a jóy for éver

[Keats, *Endymion*, I]

Ainda que as visões mencionadas sobre versificação em línguas modernas apontem para uma conciliação com os padrões antigos de metrificação, aproximando-os (e aproximando o modo de conversão dos metros das línguas anglo-saxãs daquele dos idiomas neolatinos), é inegável – como já

---

30 *Tratado de Metrificação Portuguesa – Para em Pouco Tempo, e Até Sem Mestre, se Aprenderem a Fazer Versos de Todas as Medidas e Composições, Seguido de Considerações Sobre Declamação e Poética*, p. 14-15.
31 Ver *A Linguistic Guide to English Poetry*.
32 Ver *Ritmo e Poesia*.
33 O Conceito de Contraponto Métrico em Versificação, *Poesia Sempre*, p. 71-83.
34 Op. cit., p. 108.

se afirmou – a diferença entre os sistemas próprios das línguas antigas – nos quais a duração das sílabas (fundamento da identidade das unidades rítmicas) e sua acentuação constroem a dinâmica do verso – e os sistemas adaptativos usados nas línguas modernas – baseados predominantemente na tonicidade silábica. Tal diferença permite que, apesar dos esforços de metrificação em que se procura atribuir valor de duração às sílabas independentemente de sua tonicidade – como o exemplo fornecido por Pejenaute –, os versos resultantes de tal procedimento sejam lidos a partir da configuração acentual que encerram[35].

O problema da correspondência – ou da equivalência – entre os sistemas quantitativo e qualitativo de versificação persistem, portanto. Sobre o tema, diz o tcheco Jirí Levy no tópico "Traduzindo a Partir de Sistemas Não-Cognatos de Versificação", de seu livro intitulado, na versão em inglês, *The Art of Translation*:

> este princípio de imitação do metro pela substituição de uma característica por outra característica é bastante simples, mas [...] dá origem a uma série de questões estéticas...
>
> [...] o metro clássico, quando adaptado a um princípio prosódico diferente, próprio de outra língua, adquire novas qualidades que não estavam presentes no original. [...]

[35] Ver minha tese de doutorado, *Diferentes Percursos de Tradução da Épica Homérica Como Paradigmas Metodológicos de Recriação Poética*, apresentada ao Departamento de Teoria Literária e Literatura Comparada da FFLCH-USP, em 2012. Na p. 253 e seguintes, são feitos exercícios de escansão silábico-acentual de poemas baseados na adaptação do hexâmetro dactílico "à maneira greco-latina" (ou seja, elaborados a partir da adoção de um sistema quantitativo), considerando a leitura tradicional e habitual dos versos das línguas modernas; foi possível constatar, então, a recorrência de padrões de distribuição das tônicas, que trazem funcionalidade rítmica aos versos quando lidos com base na tonicidade das sílabas. A conclusão vai ao encontro da ideia do prevalecimento da percepção do ritmo por meio da leitura convencional, mesmo nos versos compostos com base na imitação de padrões quantitativos. Também se revelou a possibilidade de uma leitura identificadora de padrões silábicos tradicionais em língua portuguesa, que podem ser empregados conforme esquemas de justaposição de dois versos de medida usual (o modo da "justaposição" é um dos padrões identificados por Pejenaute para a adaptação do hexâmetro dactílico; entre nós, é notável a utilização do sistema por André Malta, em sua tradução dos cantos I, IX, XVI e XXIV da Ilíada, e dos cantos I, VIII, IX, XI, XIII, XIV, XIX e XXIV da Odisseia, na qual justapõe dois versos heptassílabos). Ver *A Selvagem Perdição: Erro e Ruína na Ilíada*; *A Astúcia de Ninguém: Ser e Não Ser na Odisseia*.

[Outra questão fundamental] é se os leitores contemporâneos, entre os quais a familiaridade com o metro clássico continua a diminuir, são capazes de apreender muitas estrofes complexas (*alcaic, saphic* etc) e quanto eles considerarão livres estes versos[36].

Mesmo no caso de adaptação de um padrão rítmico uniforme, como a realizada por Carlos Alberto Nunes para o hexâmetro dactílico, é recorrente a qualificação dos versos por ele adotados em sua recriação da *Odisseia* e da *Ilíada*, de Homero, e da *Eneida*, de Virgílio, como "versos de dezesseis sílabas"[37], evidenciando-se a tendência de reconhecimento de padrões métricos conforme a expectativa gerada pela tradição de versificação em língua portuguesa. Talvez as recentes iniciativas[38] – mesmo entre nós, como as do referido Leonardo Antunes e do também tradutor Érico Nogueira – acabem por contribuir para um mais habitual reconhecimento de padrões adaptativos de metros antigos em composições realizadas em português.

A opção por recriar padrões métricos clássicos em esquemas usuais na versificação em nossa língua é comum a tradutores notórios, como é o caso de Manuel Odorico Mendes (que adota a solução camoniana do decassílabo para o verso heroico) e de Haroldo de Campos, que se valeu do dodecassílabo, tradicionalmente considerado o maior verso do idioma. A busca de equivalência aos versos clássicos se dará, nesses casos, também por outras vias: é evidente, por exemplo, a possibilidade de se traçarem, nos casos mencionados de Mendes e Campos, correspondências entre efeitos sonoros (relacionados ao sentido) do texto original e outros obtidos na recriação em português – caso, por exemplo, dos versos 46 e 49 do Canto I da *Ilíada*: "ἔκλαγξαν δ' ἄρ' ὀϊστοὶ ἐπ' ὤμων χωομένοιο"; "δεινὴ δὲ κλαγγὴ γένετ' ἀργυρέοιο βιοῖο" – "tinem-lhe ao ombro as frechas. Ante a frota"; "Terrível o arco argênteo estala e zune", na tradução de Odorico Mendes[39], e dos

---

36 *The Art of Translation*, p. 205-209.
37 Haroldo de Campos refere-se à "interessante solução [...] de buscar num verso de dezesseis sílabas o equivalente, em métrica vernácula, do hexâmetro (verso de seis pés) homérico" (Para Transcriar a Ilíada, em Homero, *Mênis*, p. 13).
38 Ver a referência à utilização recente do hexâmetro dactílico em língua moderna no artigo de J.A. Oliva Neto; E. Nogueira, O Hexâmetro Dactílico Vernáculo Antes de Carlos Alberto Nunes, *Scientia tradutionis*, n. 13, p. 295-310, especialmente 300n.
39 HIMOM, p. 47.

versos 33-34 do mesmo canto: "ὣς ἔφατ', ἔδεισεν δ' ὃ γέρων καὶ ἐπείθετο μύθῳ:/ βῆ δ' ἀκέων παρὰ θῖνα πολυφλοίσβοιο θαλάσσης" – "Findou a fala e o ancião retrocedeu medroso, / mudo, ao longo do mar de políssonas praias", na tradução de Haroldo de Campos[40].

A mesma busca pode envolver a leitura dos versos clássicos conforme um esquema silábico-acentual inserto em nossa tradição, como fez o poeta Guilherme de Almeida em seus estudos para definição de padrões métricos a serem adotados em sua recriação da *Antígone*[41], de Sófocles:

Se as adaptações, mesmo em padrões acentuais uniformes, de metros clássicos, podem ser de difícil apreensão, a dificuldade apontada por Levy certamente pode ser esperada em relação a padrões métricos complexos,

---

40 *Mênis*, p. 33, ou *Ilíada de Homero*, tradução de Haroldo de Campos, p. 33.
41 G. de Almeida; T. Vieira, *Três Tragédias Gregas*, p. 24.

como as referidas odes de Píndaro. Tais dificuldades de leitura por si sós indicam a distância entre os sistemas clássicos e os sistemas adaptativos, uma vez que o modo como são percebidos são bastante distintos.

A proposta de equivalência estrita de esquemas métrico-rítmicos em versos de configuração variável – como no caso das odes mencionadas – não é inusitada em nossa língua. Embora relativa a uma poesia bastante diversa da clássica, é possível citar a experimentação, realizada também por Guilherme de Almeida, de recriação de versos ditos "livres"[42] do francês Paul Géraldy baseada na correspondência exata, verso a verso, da medida e do metro inconstantes. Esperar-se-ia, habitualmente, que poemas realizados em verso livre dispensassem a procura de correspondência métrica estrita (uma vez que a medida não constitui um fator caracterizador dos versos); entretanto, a valorização do aspecto rítmico da poesia no processo de tradução (ou recriação, ou reprodução, como preferiria o tradutor) levou Almeida a optar por tal correspondência:

> a dificuldade máxima: a da forma poética, isto é, a do verso livre, adotada pelo poeta francês. [...] Ora, traduzir versos livres no mesmo número e na mesma medida e no mesmo ritmo e com as mesmas rimas e na mesma "maneira" do original, já não é traduzir: é "reproduzir". Reproduzir, num sentido autêntico, total e superior da expressão; quer dizer: produzir de novo[43].

Trata-se de um exercício que, movido pelo mesmo propósito de correspondência métrica exata, realiza-se entre "sistemas cognatos de versificação" (valendo-se da terminologia sugerida por Levy), e que, portanto, não envolve as questões relativas à adaptação de sistemas diversos.

Mas retornemos à nossa referência inicial – o exercício tradutório de Leonardo Antunes. Este, como diz o próprio autor, adquire proveito

---

42 Embora Guilherme de Almeida refira-se aos versos de Géraldy como "livres" – tal denominação é possível considerando-se o histórico da definição desse tipo de verso –, deve-se observar que os poemas de *Toi et moi* são compostos de versos de métrica irregular, mas cujas medidas muitas vezes se repetem em sequência e ocasionalmente, num espaço de variação delimitado.

43 P. Géraldy, *Eu e Você*, p. 9-10.

adicional em sua busca de desvendamento dos esquemas originais, independentemente de sua eficácia em nossa língua, que pode, contudo, ser maior na medida em que ele se vale da proposta musical das composições: como se sabe, os versos cantados permitem a distinção entre sílabas longas e breves, uma vez que a duração dos sons integra a configuração rítmico--melódica. Assim, a escolha de poemas – e traduções – destinados ao canto poderá, de fato, superar (ao menos em parte) o abismo entre os sistemas de versificação próprios das línguas antigas e modernas, alçando o verso em português, quando cantado, a uma dimensão próxima à de um verso elaborado a partir de um sistema quantitativo.

Esse aspecto não impedirá, diga-se, que se possam perceber – por meio da simples leitura – os versos traduzidos como estruturas variáveis semelhantes ao nosso verso livre, dada a sua mutável e frequentemente longa extensão.

Consideradas possibilidades diversas de adaptação e conversão de padrões rítmicos clássicos a idiomas modernos, é preciso observar que os resultados das composições refletirão, obviamente, os caminhos adaptativos escolhidos por seus autores, mas também as possibilidades diversas de leitura propiciadas por diferentes referências e padrões de reconhecimento próprios de épocas, culturas e idiomas distintos. Como é evidente, a dimensão paródica (entendida, conforme propõe Haroldo de Campos, como "canto paralelo")[44] e palimpséstica de toda recriação permite a identidade autônoma e interativa das obras em diálogo; e tal autonomia da obra traduzida encerrará diferenças inevitáveis – e, por conseguinte, âmbitos de não-equivalência – por mais que se busquem soluções de correspondência precisa. Difícil será definir, portanto, qualificativos de superioridade ou inferioridade a resultados estéticos baseados apenas em seus propósitos de equivalência (podendo-se, contudo, como é sempre cabível, examinar a coerência e a eficiência de resultados em relação à proposta orientadora de sua execução).

Assim sendo, critérios de equivalência estrita não poderão determinar, por si mesmos, méritos aos resultados deles advindos. Embora haja

---

44 Ver referências ao conceito nos artigos de Haroldo de Campos "Tradução, Ideologia e História" e "Das Estruturas Dissipatórias à Constelação: A Transcriação do 'Lance de Dados' de Mallarmé", em Marcelo Tápia; Thelma M. Nóbrega (orgs.), op. cit., p. 37 e 135.

recorrência de tentativas de exatidão métrica nas recriações, estas convivem com soluções adaptativas que preveem a flexibilização de critérios e as diferenças inevitáveis, voltando-se à procura de equivalência a outros aspectos das poéticas envolvidas. É o que se vê, por exemplo, no caso da tradução realizada por Érico Nogueira dos *Idílios* de Teócrito, que visa a superar a restrição da constância rítmica imposta pelo hexâmetro acentual:

> Seguindo, pois, o exemplo de Nunes, o que fizemos foi basicamente variá-lo ainda mais, mantendo-nos, com isso, bastante mais fiéis à vivacidade do hexâmetro [...] O resultado foi a fabricação, se não propriamente de hexâmetros, ao menos de "hexatônicos" vernáculos, suficientemente ágeis, contudo, para sugerir, em português, a exuberância do original.[45]

Busca-se assim, nesse trabalho, equivalência aos aspectos de "vivacidade" e "agilidade" atribuídos ao original, o que levará à assunção de um critério não rígido de correspondência dos pés, caracterizado pela incidência de seis acentos nos versos. Estes versos "hexatônicos" seriam, portanto, mais "equivalentes" aos hexamétricos, sob o ponto de vista da dita "vivacidade". Como breve exemplo, seguem-se alguns desses versos:

> Eis-me, Tírsis do Etna, de Tírsis a voz é dulcíssima.
> [...]
> Cantai a Bucólica, Musas queridas, cantai a canção.
> [...]
> Vem, senhor, e toma esta minha siringe melíflua.[46]

Propósito análogo será encontrado em diversas tentativas que integram a história de adaptação dos padrões métricos clássicos[47], algumas referenciais,

---

45 *Verdade, Contenda e Poesia nos Idílios de Teócrito*, p. 132.
46 Ibidem, p. 139-142.
47 Como observa João Angelo Oliva Neto, "Em anos bem recentes, observa-se na Europa e nos Estados Unidos um fenômeno na tradução da épica antiga e, para dizer a verdade, principalmente da homérica, que é a reutilização do hexâmetro datílico em língua moderna". No mesmo artigo, o autor menciona diversas traduções que adotam diferentes modos de adaptação do hexâmetro em português (O Hexâmetro Datílico de Carlos Alberto Nunes: ▶

e se encontrará em minha própria proposta de tradução da épica homérica, cuja realização se limita, até o momento, à recriação do Canto XI da *Odisseia*. Segundo tal proposição, os versos: não terão quantidade fixa de sílabas; terão cinco ou seis acentos (considerando-se a necessidade de marcação que reforce a expectativa constante, como marcação rítmica, definindo-se células binárias e ternárias[48]); apresentarão, invariavelmente, a chamada "cláusula hexamétrica" (sequência final do verso em que há uma unidade

> ▷ Teoria e Repercussões, *Revista Letras*, n. 89, p. 187-204). A respeito de propostas de tradução hexamétrica de poesia antiga, é relevante citar excertos de artigo de Lormier, publicado em 2019, que comenta duas traduções em hexâmetro francês: uma contemporânea – Homère, Iliade, por Philippe Brunet (2010) – e outra do século XVI – Hésiode, *Travaux et des jours*, por Jean-Antoine de Baïf (1574): "il est possible de considérer les tentatives de restitution des mètres antiques en français comme autant d'occasions de réinterroger un ensemble de notions clef en métrique, en poétique ou encore en traductologie. Nous pensons par exemple à la notion de 'génie de la langue française', ou encore à la définition des multiples rapports que le rythme peut entretenir avec le sens. Ces expériences constituent de remarquables terrains d'exploration des potentialités de la langue française, d'une part du point de vue rythmique et sonore, d'autre part – et tout à la fois! dirait Meschonnic – du point de vue du sens. [...] Ce que nous apprennent Jean-Antoine de Baïf et Philippe Brunet, ce n'est pas à scander, un crayon à la main, un texte qui nous semblerait alors obscur, mais bien à ressentir la poésie et le sens, dans le mouvement même du rythme initial, ou plutôt dans un élan d'aspiration enthousiaste vers ce rythme. [...] Les six syllabes lourdes de Baïf comme les six syllabes marquées de l'hexamètre de Brunet ne constituent pas à elles seules le caractère poétique du texte, mais elles permettent de lui donner ce rythme particulier qui, sans être exactement celui d'Hésiode ou d'Homère, crée une nouvelle parole-poème, parfois à la frontière entre parole et chant. Parole scandée." (É possível considerar as tentativas de restituição de metros antigos em francês como oportunidades de reexaminar um conjunto de noções-chave em métrica, em poética ou mesmo em tradutologia. Pensamos, por exemplo, na noção de "caráter da língua francesa", ou na definição das múltiplas relações que o ritmo pode manter com o sentido. Estas experiências constituem um notável terreno de exploração das potencialidades da língua francesa, por um lado do ponto de vista rítmico e sonoro, e, por outro – e tudo ao mesmo tempo!, diria Meschonnic – do ponto de vista do significado. [...] O que Jean-Antoine de Baïf e Philippe Brunet nos ensinam não é escandir, de lápis na mão, um texto que então nos pareceria obscuro, mas sentir a poesia e o sentido, no próprio movimento do ritmo inicial, ou melhor, num arrebatamento de aspiração entusiástica por esse ritmo. [...] As seis sílabas pesadas de Baïf, assim como as seis sílabas marcadas do hexâmetro de Brunet não constituem por si mesmas o caráter poético do texto, mas permitem dar-lhe esse ritmo particular que, sem ser exatamente o de Hesíodo ou Homero, cria um novo poema-de-palavras, às vezes na fronteira entre a palavra e o canto. Palavra escandida.) (Traduire en hexamètres français: une contradiction dans les termes? *Rhuthmos*, disponível em: <http://rhuthmos.eu>.)

48 Considerei admissível, no entanto, a ocorrência eventual de células quaternárias, que, contendo uma sílaba semitônica, poderão ser subdivididas, conforme a reconhecida

ternária descendente – um pé dáctilo segundo critério acentual, seguida de unidade binária descendente), tomada como sequência definidora, por sua recorrência, de um ritmo dactílico, uma vez que está presente em todos os diversos modos de adaptação do hexâmetro examinados nas fontes de pesquisa. A proposta vale-se, portanto, da adoção do princípio acentual de versificação – que, como se pôde ver, integra a tradição da produção poética em nosso idioma – como fundamento da composição, de modo a que o número de acentos permita a percepção de uma cadência, variável em parte, mas que incorpora um segmento dactílico fixo ao fim de cada verso, correspondendo, assim, à expectativa de repetição ternária como meio de assimilação do hexâmetro. Adota-se, contudo, em relação à cláusula hexamétrica, a permissividade de alguns versos agudos, ou seja, terminados em sílaba tônica, desde que seguida de uma sílaba átona no início do verso subsequente, o que gera, na continuidade da leitura, o efeito pretendido[49]; permite-se, ademais, a incidência eventual de versos esdrúxulos (terminados em palavra proparoxítona, acrescentando-se uma sílaba átona ao verso), que também não modificam substancialmente, no fluxo textual, o esquema empregado. Ambas as ocorrências são admitidas, mencione-se, por Carlos Alberto Nunes em suas traduções em hexâmetro.

Unir a variabilidade à constância é o objetivo fundamental da proposição, como modo de (re)criar um verso adequado à poética em nossa língua, que guarde – sendo "canto paralelo" – uma relação imitativa com a dinâmica do sistema métrico clássico (no qual, lembre-se, podia haver a substituição do pé dáctilo pelo espondeu, evitada no quinto pé). A quantidade variável de acentos (5 ou 6) – encontrada entre as propostas históricas de adaptação do verso hexamétrico – não chega a descaracterizar o metro, pois a quantidade mínima mantém a recorrência próxima do padrão esperado, que se completa na sucessão dos versos, às vezes unidos, por *enjambement*, na sequência narrativa. Considero uma vantagem do critério acentual proposto a elasticidade, por ele permitida, da quantidade de sílabas dos versos – que frequentemente não excede a doze –, desobrigando, assim, do alongamento

       tendência de leitura baseada nos padrões rítmicos predominantes em nossa língua (binários e ternários).
49   Essa possibilidade ocorre no sistema adotado, que não prevê a obrigatoriedade de a primeira sílaba do verso ser tônica.

forçado das linhas. Para ilustrar o procedimento, incluo, a seguir, os dezenove primeiros versos do Canto XI da *Odisseia*, nos quais se marcam as tônicas (e semitônicas) consideradas e se anota o número de sílabas, conforme minha leitura:

          Quando, depois, descemos ao mar e ao navio, (12)
          primeiro ao mar divino o navio empurramos, (12)
          e, da negra nau, o mastro e as velas erguemos; (12)
          levadas a bordo as ovelhas pegas, seguimos (13)
[5]   tristes, aflitos, vertendo lágrimas fartas. (12)

          Por trás da nau de escura proa, soprava (11)
          vento propício, bom companheiro, que nos enviara (14)
          Circe de belos cachos, temível deusa canora. (14)
          Após cuidarmos, com esforço, de cada apetrecho (13)
[10]   da nau, sentamos; o vento e o piloto o navio guiavam. (16)
          Por todo o dia ela singrou, com velas infladas. (14)

          Pôsto o sol, cobriam-se de sombra os caminhos: (11)
          a nau atinge o limite do oceano profundo. (13)
          Lá estão a cidade e o país dos cimérios, (12)
[15]   pelo véu das nuvens e das brumas envoltos: (12)
          Hélio radioso nunca sob si os vislumbra, (12)
          nem ao subir ao alto do céu estelante, (12)
          nem ao baixar, novamente, do céu para a terra: (13)
          estira-se a noite fatal sobre os pobres humanos. (14)

Alguns dos versos citados permitem outro reconhecimento de suas tônicas iniciais, e, portanto, outra leitura; são exemplos do que ocorre com muitos outros versos no canto traduzido. Deu-se preferência à leitura que complemente uma unidade dactílica a partir do final do verso anterior, como em "fartas / por trás"; mas é também possível ler tais versos tonificando-se suas sílabas iniciais (sempre não se excedendo, como em todos os versos, a unidade ternária, ou seja, subdividindo-se um intervalo aparentemente quaternário em dois binários): "e, da negra nau, o mastro e as velas erguemos"; "Por trás da nau de escura proa, soprava"; "Por todo o dia ela singrou, com velas infladas". Há, inevitavelmente, pontos um tanto controversos no conjunto, mas que permitem uma opção mais acertada para o esquema adotado, como no caso do verso "Lá estão a cidade e o país dos cimérios", que, após a palavra final do verso anterior, "profundo", seria passível de leitura que elidisse a sequência inicial (pro/fun/do./ Lá'/stão), o que o deixaria com uma sílaba e um acento a menos, fugindo-se ao critério definido de se terem cinco ou seis tônicas por verso.

Observe-se também que, na versificação realizada, a preposição "com" é por vezes lida de modo a contrair-se o fonema nasalado com a vogal subsequente, como no verso "A| pé| che|gas|te| an|tes| de| mim|, que| vim|com a| nau| ne|gra", no qual – como nas demais ocorrências semelhantes – não se explicita a elisão (co'a nau negra); em outros casos, que também poderão ser reconhecidos pela leitura, a contração não é considerada. Podem ocorrer, igualmente, casos diversos de elisão, apreensíveis na leitura, como em "e|le|não es|ta|va, a|in|da,| sob| a| ter|ra| tão| vas|ta".

TRADUÇÃO, METÁFORA E VERDADE:
O DESCENSO DE ODISSEU AO HADES COMO REFERÊNCIA METAFÓRICA PARA A TRADUÇÃO POÉTICA

> *O espectro poético-filosófico das reuniões com a morte – em Homero, nos escritores trágicos, em Heródoto e Tucídides, no Sócrates platônico – prossegue sendo canônico em toda a civilização ocidental.*
>
> GEORGE STEINER, *Fragments (Somewhat Charred)*

> *As metáforas mantêm conexões por meio das quais ressaltam e tornam coerentes certos aspectos de nossa experiência. […] Uma metáfora pode, portanto, ser um guia para ações futuras. Tais ações se adequarão, certamente, à metáfora. Isso, por sua vez, reforçará o poder da metáfora de tornar a experiência coerente. Nesse sentido, as metáforas podem ser profecias autorrealizáveis.*
>
> GEORGE LAKOFF E MARK JOHNSON, *Metaphors We Live By*

O Uso de Metáforas Como Recurso Para a Compreensão da Tarefa Tradutória

A tarefa do tradutor de literatura – e particularmente de poesia – é árdua: envolve a escolha, a cada gesto, para a realização de um texto necessariamente novo, re-criado. A escolha se dá desde a leitura: o modo de receber, compreender e interpretar um texto depende de características do repertório do leitor e de sua disposição para a descoberta sob o estímulo da obra de arte verbal. A tradução, já se disse, é leitura profunda do original, que não pode limitar-se à decodificação de sua dimensão semântica: a significação de um poema ou um texto em prosa de natureza estética abrange a sua configuração formal, seu modo de organização das relações fônicas, sua sintaxe particular, seu feitio gráfico-visual; em síntese, as associações de som, sentido e visualidade passíveis de percepção pela leitura reconfiguradora.

Haveria verdades a se buscar no ato tradutório? A primeira noção de verdade associada a tal ato liga-se à ideia de fidelidade ao original, que tem sido tema recorrente nos estudos de tradução. Após os esforços desconstrucionistas de relativização da "verdade" linguística, associada à consciência da transitoriedade e mutabilidade do significado – nem fixos, nem estáveis – a "fidelidade" passa a ser um objetivo relacionado à contingência, ao contexto, às condições de realização do que é marcado pela imperenidade. A própria noção de equivalência – paradigma teórico da tradução que perdura apesar dos questionamentos da desconstrução, porque profundamente incorporado às concepções do traduzir – poderá ser pretendida apenas de modo a abranger as diferenças inevitáveis que contribuirão para a identidade do texto recriado: o original e o traduzido serão poemas "autônomos, porém recíprocos", no dizer de Haroldo de Campos.

Dignas de nota, pois dotadas de clareza e concisão, são as observações de Leonardo Antunes em texto introdutório a sua tradução da tragédia *Édipo Tirano*, de Sófocles: para ele, a tradução consistiria em "um esforço dialético de se estabelecer possibilidades de (re)-significação e *derivação estética*" (sendo esta expressão empregada "pela acepção do primeiro termo, que pode significar tanto 'alterar o rumo, desviar', como também 'ter origem em'", sendo, a tradução, uma "combinação dessas duas coisas"). Referindo-se a uma conhecida proposição de Umberto Eco, Antunes observa que "a qualquer um que o conceito de *obra aberta* ['a ideia de que a obra de arte possui uma abertura e um sentido não previamente definidos e intencionados pelo autor, e sim construídos dialeticamente no contato do leitor com a obra'] pareça acertado, a noção de uma tradução fiel nem mesmo deveria ser um problema a ser tratado".

Feitas essas considerações, passemos a buscar alguma sustentação à ideia de nos valermos do uso de metáforas, a fim de contribuir para a elucidação da atividade de recriação de textos dotados de "informação estética"; para tanto, nos referiremos a contribuições notórias para os estudos de tradução.

Na história literária brasileira, diversos escritores e tradutores empenharam-se e têm se empenhado em colaborar para o deslindamento da tarefa do tradutor de poesia. Tal empenho consiste em esforços teóricos e práticos voltados à consciência da diferenciação da linguagem poética e à consequente especificidade da tradução de poemas, que, análoga à própria criação, mereceria designativos diferenciados, como *recriação* ou *transcriação*.

O empenho no reconhecimento da especificidade da linguagem e da tradução poéticas prossegue inevitavelmente, pois, embora tal reconhecimento seja, hoje, relativamente comum a praticantes e estudiosos da tradução, está longe de ser consensual, encontrando-se, ainda, defensores do entendimento da "fidelidade" em tradução como necessariamente voltada à priorização, apenas, do "plano de conteúdo" do texto, mesmo que este seja poético.

No percurso das proposições fundamentadoras da diferenciação da tradução de poemas – entendidos como textos de natureza estética, e não meramente informativa –, alguns autores têm lançado mão de metáforas para a conceituação do fazer tradutório associado à poesia. Sob esse aspecto, destacaremos, brevemente, dois deles, entre os nossos: Guilherme de Almeida (1890-1969) e Haroldo de Campos (1929-2003).

Em seu livro *Flores das "Flores do Mal" de Baudelaire*, Almeida conceitua o que seria a tradução poética, para a qual propunha dar, entre outros, os nomes de "recriação", "reprodução", "recomposição", "reconstituição", "transcrição", "transmutação" ou, preferentemente, "transfusão":

É este, dentre tantos, o termo que mais acertado me pareceu, mais significativo das minhas intenções. O uso corrente já não o separa da ideia de sangue. Transfusão de sangue: a revivificação de um organismo pela infiltração de um sangue alheio, mas de 'tipo' igual". Uma língua, uma poesia reabastecendo-se da seiva de outra, análoga, para mais e melhor se afirmar.[1]

Como se daria, contudo, para o autor, a dita "revivificação" do "organismo" por um "sangue alheio", de "tipo igual"? Conforme se pode depreender de suas traduções de poemas e, especialmente, das notas que adicionou à mencionada obra, Almeida busca estabelecer, em suas recriações, correspondências rítmico-formais diretas com os textos originais; em seus comentários, observa, centralmente, características métricas, rímicas, sintáticas e fônico-semânticas dos poemas em francês, explicitando suas escolhas a elas correspondentes.

Mas voltemos ao termo "transfusão": a fisicalidade inerente à metáfora da transfusão sanguínea – para Guilherme de Almeida, "as palavras, como a gente, têm alma e corpo: sentido e plástica" – é útil para a representação do poema como uma totalidade (um "organismo", um corpo), ainda que de natureza estética, e a ideia do sangue, ou da seiva, como o veículo capaz de transitar e manter vivos organismos e universos distintos, mas análogos.

Tal metáfora – assim como outras – estarão a serviço, prioritariamente, da defesa da própria especificidade da linguagem poética, entendida como resultante de uma teia de relações indissociáveis, que compõem a totalidade do poema; uma defesa, consequentemente, da *corporeidade* do poema e da diferenciação do processo de sua tradução. É como se termos autoevidentes como "recriação" e "reprodução" não bastassem para a ênfase necessária à natureza da tradução de poesia.

Haroldo de Campos, por sua vez, recorreu inicialmente a uma metáfora química para a tradução poética. Em seu ensaio "Da Tradução Como Criação e Como Crítica", de 1962, o autor propõe, valendo-se de noções da cristalografia, o conceito de "isomorfismo" para designar a operação tradutória; para ele, obtém-se, pela tradução "em outra língua, uma outra

[1] *Flores das "Flores do Mal" de Baudelaire*, p. 98.

informação estética, autônoma, mas ambas [a da língua de partida e a da língua de chegada] estarão ligadas entre si por uma relação de isomorfia: serão diferentes enquanto linguagem, mas, como os corpos isomorfos, cristalizar-se-ão dentro de um mesmo sistema"[2] (o termo "isomórfico" cederia lugar, mais tarde, a "paramórfico", para que se enfatizasse a relação de paralelismo sugerida pelo prefixo "para-": "'ao lado de', como em *paródia*, 'canto paralelo'").

A metáfora do cristal permite não apenas o entendimento do poema como um corpo, e da tradução como corpo análogo ao primeiro, como também põe sua ênfase na *estrutura* da composição, em sua organização intratextual, que seria o fundamento de toda a prática tradutória de Campos.

Na evolução de seu pensamento, o ensaísta recorreria, contudo, a outras metáforas para elucidação de seus conceitos sobre "transcriação" – o termo por ele escolhido para designar a tradução poética tal como a concebe. Fundamentado no célebre ensaio "A Tarefa do Tradutor", de Walter Benjamin[3], Haroldo de Campos postula que o "tradutor de poesia é um coreógrafo da dança interna das línguas, tendo o sentido [o "conteúdo"] [...] [apenas] como bastidor semântico ou cenário pluridesdobrável dessa coreografia móvel". Trata-se, essa "coreografia móvel", de "pulsão dionisíaca, pois dissolve a diamantização apolínea do texto original já pré-formado numa nova festa sígnica: põe a cristalografia em reebulição de lava"[4]. As metáforas da dança, da coreografia e do diamante servem ao intuito de se propor a relativização da fidelidade ao sentido – vendo-se como propósito da transcriação não o resgate de significados originais, mas, sim, a recriação paramórfica, em outra língua, da "entretrama das figuras fonossemânticas" – e a não sacralidade do texto "original", passível de desvendamento para que se possa "reencenar a origem e a originalidade como plagiotropia"[5]; o "original" será objeto – outra metáfora corpórea – de uma "vivissecção implacável", fundamental para sua recriação.

2   H. de Campos, Da Tradução Como Criação e Como Crítica, em Marcelo Tápia; Thelma M. Nóbrega (orgs.), op. cit., p. 4.
3   Ver Die Aufgabe des Übersetzers, *Gesammelte Schiften*.
4   Transluciferação Mefistofáustica, *Deus e o Diabo no Fausto de Goethe*, p. 181.
5   Para Além do Princípio da Saudade: A Teoria Benjaminiana da Tradução, em Marcelo Tápia; Thelma M. Nóbrega (orgs.), op. cit., p. 56.

Mas a metáfora da transfusão também encontra lugar no pensamento de Haroldo de Campos. Em seu ensaio "Transluciferação Mefistofáustica", integrante do volume *Deus e o Diabo no Fausto de Goethe*, após referir-se à opção de Pound por iniciar seus *Cantares* com o Canto XI da *Odisseia* – em que Odisseu visita o Hades e realiza a oferenda de sangue a Tirésias[6] –, Campos menciona que "Hugh Kenner [...] viu com argúcia nesse Canto inaugural, na oblação de sangue, uma 'nítida metáfora para a tradução'; e conclui: "Tradução como transfusão. De sangue. Com um dente de ironia poderíamos falar em vampirização, pensando agora no nutrimento do tradutor."[7]

A ideia também sanguínea de vampirização pode ligar-se, de certa maneira, à noção de sacrifício e, esta, à do parricídio. Haroldo de Campos termina o referido ensaio com uma qualificação de "parricida" ao ato tradutório que envolva a "dessacralização" do "original" – em relação ao qual não se terá, assim, uma atitude de subserviência, mas de desvelamento e ousadia recriadora –, valendo-se da imagem de Lúcifer como metáfora da tradução criativa:

> Flamejada pelo rastro coruscante de seu Anjo instigador [o "Anjo da Tradução – AGELISAUS SANTANDER –, em sua Hybris, é lampadóforo –, portador de luz"], a tradução criativa, possuída de demonismo, não é piedosa nem memorial: ela intenta, no limite, a rasura da origem: a obliteração do original. A essa desmemória parricida chamarei "transluciferação".[8]

Do estudo da produção ensaística e tradutória de Haroldo de Campos emergiu a tendência, entre estudiosos – em âmbito internacional – de designá-la como uma "teoria antropofágica". Tem-se considerado, genericamente,

---

[6] É interessante transcrever a seguinte passagem do filólogo e historiador da religião Franz Cumont, citado por Rocha Júnior: "O sangue, com efeito, foi visto por todos os povos da Antiguidade como a sede da vida." (R.A. da Rocha Jr., *O Mundo das Sombras em Homero e Virgílio*, p. 34.) O sangue teria também, para os gregos, um papel revitalizador para as almas (ou sombras) no Hades; no dizer de Rocha Jr., "além dessa função revivificadora para as sombras, o sangue podia servir também para infundir de novo a inspiração profética em profetas que já não eram capazes de fazer profecias" (Ibidem, p. 36).
[7] Transluciferação Mefistofáustica, op. cit., p. 208.
[8] Ibidem.

a identificação de seu pensamento com a antropofagia de Oswald de Andrade, adotando-se como referência para tais reflexões o artigo "Da Razão Antropofágica: Diálogo e Diferença na Cultura Brasileira", incluído em *Metalinguagem & Outras Metas*[9], cujo conteúdo sugere – se aplicado à ideia de tradução – a incorporação e a transformação de qualidades alheias pela "devoração", que resulta na própria nutrição do "devorador", e envolve a insubmissão diante do que é incorporado. Outra referência metafórica relevante, essa, que nos vale, no âmbito de nossos propósitos, por ser mais uma a envolver o aspecto da "nutrição" associada ao ato recriador, com viés "usurpatório".

O Tradutor Como Viajante em Busca da Verdade

Mas focalizemos a questão, já aludida anteriormente, da busca da verdade pelo tradutor: pelo que já foi referido, pode-se reafirmar a natureza transitória, desviante e plural das "verdades" adotadas por diversos tradutores: é possível constatar isso facilmente apenas observando-se a peculiaridade de cada tradução entre várias existentes da mesma obra, como, por exemplo, dos poemas épicos de Homero. Nesse sentido, citemos novamente Leonardo Antunes, para quem "cada leitura, cada análise, cada tradução de uma obra de arte contribui para uma coletânea de possibilidades de significação"[10]. Cada obra traduzida será única, embora elaborada em diálogo com o original, pois resulta de um conjunto de possibilidades pelas quais se optou, em diversos planos, a cada momento de efetivação da atividade tradutória.

Cheguemos, finalmente, ao exame de mais uma possibilidade de caráter metafórico para a compreensão da tarefa do tradutor. Para tanto, evocaremos o caráter do herói grego Odisseu, ou Ulisses, como personagem-símbolo da transmigração linguística e literária, por meio de sua visita ao Hades – espécie de viagem ou peregrinação em busca da verdade; tal escolha justifica-se,

---

9 *Metalinguagem & Outras Metas*, p. 231-255.
10 Sobre a Tradução, em Sófocles, *Édipo Tirano*, p. 24.

primeiramente, pela própria definição do herói. No dizer de Giuseppina Grammatico, "Odisseu é o protótipo do viajante, οδοίπορος; seu ser se define no caminho. A partir do caminho, tudo se transforma em espaço, livre ou fechado, desimpedido ou dificultoso, lugar de procedência ou de destinação. Todo caminho supõe um regresso ao ponto de partida, com exceção de um, do qual não há volta, ou cuja volta ainda não se descobriu."[11]

Porém, o herói regressa de sua consulta a Tirésias no Hades, e prossegue sua jornada até Ítaca: a ida e vinda suas permitem a utilização metafórica dessa viagem como um signo do ir e vir envolvido nos processos de tradução poética: o mergulho do tradutor-viajante no texto por meio da leitura profunda, do reconhecimento de seus planos de conteúdo e de expressão, alternam-se com o retorno ao novo texto que se re-produz criativamente, a exigir o mergulho no outro espaço em construção.

Penso que o retorno de Odisseu à sua casa, em Ítaca, repleta de aventuras e obstáculos a serem superados, adequa-se especialmente à façanha da recriação. Tal viagem, como se disse, inclui o episódio que optamos por focalizar, a fim de construir o buscado recurso metafórico: o da visita do herói ao Hades, o mundo dos mortos. O viajante Odisseu, ao ter sua liberdade devolvida por Circe, deverá ir em busca de seu destino, a lhe ser revelado por Tirésias – "sem erro", verdadeiramente, infalivelmente. Cito, de novo, Giuseppina Grammatico:

> Objetivo [da viagem]: a verdade sobre o seu próprio destino, e o país dos cimérios. Quem são os cimérios? [...] Suas características: nevoeiro e carência de luz; talvez, condição de um não ver fecundo, de recolhimento, de introspecção, de submersão em segredo, nas profundezas do mistério. Trata-se de uma iniciação? É possível. O fato é que, para chegar lá, você precisa deixar todos os limites para trás. [...] Convém primeiro levar a cabo 'essa' viagem – afirma Circe – que leva a outra morada; talvez, a definitiva.[12]

---

[11] El Descenso al Hades de Odiseo. Reflexiones a Partir de una Relectura de los Libros x y xi de la Odisea, em G. Grammatico; A. Arbea; X. Ponce de León, *El Descenso Como Itinerario del Alma*, p. 63.
[12] Ibidem, p. 63-64.

Algo relevante para o que temos a elaborar como modo de pensar a recriação poética é a relação entre o Hades e a verdade. Para Rosado Fernandes,

> O mundo subterrâneo, com todo o sortilégio que lhe confere o misterioso desconhecido, com a força ctônica que lhe é peculiar, apresenta-se aos antigos como um reino onde a verdade pode ser encontrada ou, pelo menos, ouvida, porque as almas dos que desapareceram da terra a podem contar mais livremente, testemunhas que foram das muitas peripécias já lendárias por que passaram no mundo dos vivos. Por isso, quando mortais, heróis (semi-mortais) ou imortais descem em "catábase" aos infernos, fazem-no quase sempre para averiguarem o que de pouco claro se lhes afigura na vida terrena, ou para cumprirem qualquer missão de importância [...], em geral em favor de qualquer pessoa ou comunidade humana.[13]

É pertinente acrescentarem-se os seguintes comentários de Rocha Júnior:

> Alguns autores relacionam a *nékyia* com uma necessidade de encontrar a verdade. Grammatico [*El Descenso Como Itinerario del Alma*, p. 63-65] diz que a viagem de Odisseu teria uma função didática, gneseológica, de aquisição de sabedoria, proporcionada pelo encontro com a verdade que emana do oráculo de Tirésias. Para Cerri [Cosmologia dell'Ade in Omero, Esiodo e Parmenide, *La Parola Del Passato*, n. 50, 1995, p. 447], Odisseu comunica-se com as almas dos mortos porque somente dessa maneira ele poderia conhecer a verdade sobre o seu destino e sobre o que deveria fazer para que conseguisse retornar para Ítaca.[14]

A noção de que apenas por intermédio do Hades o retorno de Odisseu seria possível é assim revelada por George Alexander Gazis:

---

[13] Catábase ou Descida aos Infernos – Alguns Exemplos Literários, *Humanitas*, v. XLV, p. 347.
[14] Op. cit., p. 69.

Com a revelação da ira de Posêidon e, o mais importante, como apaziguá-la, todo o potencial do Hades como recurso profético é explorado e o *nostos* de Odisseu se torna possível. No nível do enredo, isso justifica a viagem ao Hades, pois é apenas no confinamento do Hades que essas informações podem ser reveladas sem qualquer risco de retaliação divina: como Circe disse a Odisseu, o caminho para Ítaca é através do Hades.[15]

A metáfora da descida aos infernos aplicada à tradução não é inusitada; no meio acadêmico brasileiro, Raimundo Carvalho vale-se de episódio da *Eneida*, de Virgílio, para esse propósito:

> Como o herói Eneias, que desce ao mundo subterrâneo para se encontrar com a sombra do pai, o tradutor é esse ser errante que, mantendo-se vivo, ousa adentrar o espaço da morte, e de lá sai mais vivo do que antes, porque sai fortalecido pelo contato com esse outro mundo de aparência espectral.[16]

Há, no entanto, no caso do herói homérico, certa controvérsia a respeito de sua descida ao Hades; consideram-se, acerca do Canto XI da *Odisseia*, tanto o entendimento de que se trata de um descenso (*catábasis*), quanto o que o entende como evocação dos mortos (*nékyia*). No dizer de Rocha Jr.:

> Muitos comentaristas usam a palavra *catábasis* para designar o que acontece no livro XI da *Odisseia*. Outros preferem a palavra *nékyia* (assim como nós) por entenderem que o herói, na realidade, não desce à morada dos mortos. Mas o fato é que essa questão não fica completamente resolvida e o que parece acontecer é uma mescla de *catábasis* e de *nékyia*.[17]

Nossa interpretação, ainda que admita a convivência do descenso e da evocação, busca tirar proveito conceitual essencialmente do encontro de

---

15 The "Nekyia", *Homer and the Poetics of Hades*, p. 115.
16 R. Carvalho, Tradução de Poesia Latina Clássica: Uma Tradição Sempre Renovada, *Revista Letras*, n. 89, p. 107-108.
17 Op. cit., p. 52.

Odisseu com as almas dos mortos, especialmente a de Tirésias, bem como de sua viagem a fim de realizá-lo; por essa razão, a referida controvérsia não assume, para nossas reflexões, uma dimensão significativa.

Para avançarmos em nosso propósito, tratemos, ainda que ligeiramente, do conceito de *psykhé* (alma) no universo de Homero; cite-se, inicialmente, Robinson:

> A utilização do termo *psyché*, nos poemas de Homero, está longe de ser unívoca, mas parece justo afirmar que os vários usos da palavra podem ser reduzidos, em grande parte, a dois: (a) "sombra" (*skiá*) e (b) "vida", "força vital" ou "entidade vivificadora" que encontra o seu fim quando morremos [...] Os dois sentidos permeiam os poemas em pacífica incongruência [...]
> O termo possui, claramente, uma denotação física. A sombra, que é descrita como o "sopro que sai" do corpo (*Ilíada*, 22. 467) e segue seu caminho para o submundo, pode, também, lá tornar-se visível quando a ela é oferecida a chance de beber sangue.[18]

Danielle Jouanna apresenta, separadamente, a *psykhé* em suas duas acepções; sobre a "força vital", afirma, sob o título "A 'Psuché' dos Vivos":

> As palavras mais frequentemente usadas por Homero para designar a força vital, que abandona o homem no momento de sua morte, são sem dúvida *thumos* ou *ménos* (a 'força'). Mas também se encontra frequentemente a palavra *psykhé* com o significado de 'vida', algumas vezes associado a outro termo. A *psykhé* é, então, o princípio vital de um indivíduo: quando Héctor considera que afinal ele consegue matar Aquiles, ele diz que este, como todo mundo, tem uma carne que o bronze pode machucar, 'e ela, uma alma' (*psuché*); no canto IX da *Ilíada*, Aquiles lamenta ter exposto sua vida (*psykhé*) por nada (v. 322); e na *Odisseia*, desde os primeiros versículos (1, 5), Ulisses procura preservar sua vida (*psykhé*); [...].

[18] *As Origens da Alma*, p. 15-17.

Mas o termo também pode se referir à vida em geral: no canto IX da *Ilíada*, Aquiles declara que 'nada vale a vida' (*psykhé*, v. 401). Em outras passagens, estamos mais próximos do significado quase técnico de 'sopro vital'.[19]

Jean-Pierre Vernant, por sua vez, considera ser mais restrito o emprego da palavra *psykhé*:

> Homero, em muitos trechos, menciona a *psykhé*, entendendo por esta palavra aquilo que sai da pessoa na hora da morte para descer ao Hades. Nunca se diz de um homem vivo que ele possui uma *psykhé*, a não ser nos raros casos em que, vítima de um desmaio, sua *psykhé* deserta-o por um momento como se ele estivesse morto. Logo, os homens não possuem *psykhé*: eles se tornam, depois de mortos, *psykhaí*, sombras inconsistentes que levam uma existência diminuída nas trevas subterrâneas. [...] Como fantasma, a *psykhé* homérica aparenta-se a outros fenômenos que entram, como ela, na categoria que os gregos da época arcaica chamam de *eídola*, que deveríamos traduzir por "duplos" e não como "imagens". [...]
>
> A *psykhé* tem sua aparência exata ao mesmo tempo em que se encontra privada de existência real, o que a torna, em sua semelhança com o ser cuja aparência adota, comparável a uma sombra ou a um sonho, uma fumaça.
>
> [...] O duplo joga ao mesmo tempo sobre dois planos contrastantes: quando se mostra presente, revela-se como não sendo daqui, como pertencendo a um alhures inacessível.[20]

Para Jouanna, a restrição de Vernant acerca da *psykhé* dos vivos não seria correta:

> Mas o que exatamente é uma *psykhé*? E. Rohde afirma em sua obra fundamental intitulada *Psykhé: The cult of Souls and the Belief in*

---

19 *Les Grecs aux enfers: D'Homère à Épicure*, p. 56-57. Diferem, por vezes, os modos de transliteração dos termos gregos, daí as grafias distintas para o mesmo termo aqui.
20 *Entre Mito e Política*, p. 428.

Immortality among the Greeks [Psykhé: O culto dos mortos e a crença na imortalidade da alma entre os gregos], publicada há mais de um século, mas sempre preciosa, que só encontramos a palavra a propósito dos mortos ou do momento da morte. Não é, segundo ele, o princípio vital (que seria o *thymos*, o 'ardor'). É verdade que nos v. 220-222 do canto XI da *Odisseia* Anticlea explica a seu filho Ulisses o que acontece durante a cremação dos mortos: 'O fogo poderoso domestica [a carne e os ossos] assim que o *thymos* deixa os ossos brancos, e que a *psuché* voa como um sonho'; haveria então uma associação, nos viventes, entre um princípio vital concreto, o *thymos*, e um elemento intangível, a *psuchè*, que só seria mencionado no momento da morte? Jean-Pierre Vernant segue na mesma direção que Rohde [...]. De fato, isso não está certo, e existe, sim, uma *psykhé* dos vivos.[21]

A fim de "descendermos", cronologicamente, em relação a tais conceitos, observemos o que diz o próprio Rohde, em seu livro originalmente publicado (em alemão) em 1894:

> Em todos os casos em que nos é dada notícia de uma morte, ouvimos referência sobre como o morto, ainda designado por seu nome, ou sua psique, vai em direção à mansão de Hades, em direção ao reino de Hades e da cruel Perséfone, e penetra nas trevas subterrâneas, no Érebo. Às vezes se diz, com mais indeterminação, que ele afunda na terra. Aquele que é capaz de se aventurar no abismo tenebroso não pode, em nenhum caso, ser um nada; aos deuses do Érebo não é possível exercer seu império sobre seres ou coisas que não são; isso é indubitável. Mas como devemos conceber essa psique que durante a existência do corpo passou despercebida e agora, desprendendo-se de suas amarras, se dá a conhecer e, convocada entre a multidão de seus semelhantes, flutua no mundo sombrio do invisível (Hades)? Seu nome, como as denominações de 'alma' na linguagem de muitos outros povos, designa algo que se assemelha ao ar, à respiração,

---

[21] Ibidem, p. 56.

e que se manifesta na inspiração dos seres vivos. Ela escapa da boca, também das feridas abertas do moribundo, e então, uma vez livre, é também denominada 'Imagem' (*eidolon*).[22]

Ainda sobre a *psykhé* – termo cujo entendimento relativo a seu uso homérico alimentará nossas reflexões mais adiante –, evoquemos o próprio Homero; leiam-se os versos[23] que trazem a aparição de Tirésias a Odisseu, no referido Canto XI:

[90]   Veio, então, a alma do tebano Tirésias
com seu áureo cetro; reconheceu-me e me disse:
'Filho de Laertes, divino Odisseu multiastuto,
por que, afinal, infeliz, deixando a luz de Hélio,
vieste ver os mortos e este lugar desprazível?
[95]   Mas te afasta do fosso e desvia tua espada afiada
para que o sangue eu beba e te fale sem erro.'[24]

Note-se o emprego da palavra *nemertéa* (*nemertés*) – sem erro[25], com verdade ou infalibilidade – à qual retornaremos posteriormente.

E observem-se, também, os versos em que, mais adiante, Odisseu questiona o vate sobre a alma de sua mãe:

[140]   '[...] Mas vai, diz-me isto e sem rodeios me conta:
vejo, aqui, a alma de minha mãe morta;

---

22 "*Psique: El Culto de las Almas y la Creencia en la Inmortalidad Entre los Griegos*, p. 21.
23 A tradução dos versos é minha, assim como as dos demais trechos do Canto XI, apresentados em sequência.
24 Acerca do pedido de Tirésias, comenta Rocha Júnior: "O fato de Tirésias precisar beber do sangue é contraditório, pois ele foi o único mortal a receber de Perséfone o privilégio de manter sua consciência e seus sentidos (*Odisseia* X, 492-495)." (Op. cit., p. 36.)
25 Leiam-se, a seguir, as diversas soluções em português para o verso 96, adotadas pelos tradutores (só se incluem as traduções em verso): Odorico Mendes, "para que beba o sangue e profetize"; Carlos Alberto Nunes, "para que eu possa do sangue provar e dizer-te a verdade"; Roosevelt Araújo da Rocha Júnior, "para que eu beba do sangue e fale coisas verdadeiras"; Frederico Lourenço, "para que eu beba o sangue e te diga a verdade"; Donaldo Schüler, "sem experimentar esse / sangue, não direi coisas livres de erro"; Trajano Vieira, "e eu sorvo / o sangue a fim de pronunciar veracidades"; Christian Werner, "para eu beber do sangue e falar-te sem evasivas"; André Malta, "para que eu beba do sangue e sem erro fale a ti".

>   quieta, está sentada perto do sangue, e não ousa
>   olhar seu filho de frente, ou dirigir-lhe a palavra.
>   Diz-me, senhor, como iria, vivo, reconhecer-me?'
> [145]   Assim falei, e ele logo em resposta me disse:
>   'Fácil palavra te direi e porei no teu cerne.
>   Todo aquele que deixares, dos mortos defuntos,
>   chegar perto do sangue, esse irá falar-te sem erro;
>   aquele a quem negares irá para trás novamente.'

Atentemos, primeiramente, para a afirmação da verdade: esta será revelada mediante a força trazida pelo sangue[26] ofertado pelo visitante, Odisseu: o contato com a *psykhé* é, potencialmente, o meio de se obter a verdade, mas esta dependerá da condição da oferenda e da circunstância do envolvimento, de natureza temporária. Nesse sentido, a verdade, transitoriamente revelada, dependerá da ligação de um eu com uma sombra: mesmo considerando-se o próprio ser vivo e a alma em que se converterá no Hades, tal elo será próprio do ser; para Thomas Robinson, Aquiles poderia dizer, se questionado: "Sou eu quem morre, não minha *psykhé*; embora seja, ao que parece, impossível determinar por quanto tempo esta *psykhé* se relaciona com este 'eu' ou de que maneira ela sobrevive no Hades."[27]

No exercício metafórico, pode-se imaginar a relação entre o eu e a *psykhé* como o elo que permite a configuração e a reconfiguração da forma: a presentificação transitória do análogo, consubstanciação do vínculo entre original e texto recriado.

Um aspecto a se entrever no exercício de estabelecimento de possíveis relações pode ser o da intangibilidade relativa à identidade de uma obra de arte e própria da *psykhé*. Vejam-se estes outros versos do Canto XI da *Odisseia*:

>   Assim dizia; inquietando-me, quis a meu peito
> [205]   estreitar a alma triste de minha mãe morta.
>   Três vezes lancei-me, pelo peito impelido,

---

26 Como já se assinalou, mesmo Tirésias tem de valer-se do sangue para fazer seu vaticínio, associado à verdade.
27 Op. cit., p. 18.

[210]
três vezes ela voou-me das mãos, como sombra
e sonho. Uma dor atroz o coração calou-me,
e, falando, lancei-lhe as palavras aladas:
'Minha mãe, por que não me esperas, se anseio abraçar-te?
Para, na casa de Hades nos abraçando
saciarmo-nos ambos de álgido pranto?
A nobre Perséfone este espectro me manda
a fim de que eu gema de dor mais ainda?'

[215] Assim falei; a senhora mãe respondeu de imediato:
'Ai, meu filho, o mais infausto entre os homens:
a ti Perséfone, filha de Zeus, não está enganando;
para os mortais, a regra é essa, quando alguém morre:
pois não mais os tendões sustêm as carnes e os ossos,

[220] que a poderosa força do fogo ardente
domina, e tão logo a vida larga os ossos alvos,
a alma, tal como um sonho, bate asas e esvoaça. [...]'

A intocabilidade da alma pode ser um correlato imaginável de uma concepção do artefato artístico aludida por Haroldo de Campos em seu artigo "Da Tradução Como Criação e Como Crítica"; para ele, nessa atividade, "Como que se desmonta e se remonta a máquina da criação, aquela fragílima beleza aparentemente intangível que nos oferece o produto acabado numa língua estrangeira."[28]

É possível vislumbrar a ideia da aparente intangibilidade da beleza como algo a que se tenta agarrar, mas, diante de sua dependência da força gerada pela "seiva" de sua percepção pela leitura – que efetivamente dá vida ao texto "inerte" – escapa à fisicalidade em si mesma, inexistindo como ente pré-determinado e independente, autônomo e permanente[29].

28 Da Tradução Como Criação e Como Crítica, op. cit., p. 14.
29 É oportuno, a esse respeito, relembrar os diversos entendimentos acerca da *psykhé*, manifestados por Rohde e Vernant, de um lado, e Jouanna, de outro: mesmo que, como para os dois primeiros, a *psykhé* seja entendida como algo que se mantém "sem ser notada" durante a existência do corpo, e se "dá a conhecer" ao desprender-se dele (Rohde), e como algo que "os homens não possuem" quando vivos tornando-se, depois de mortos, *psykhaí*; ou que haja, na concepção do segundo, "uma *psykhé* dos vivos", o conceito só adquire sentido autônomo quando se torna um "duplo", ou seja, não existe como "ser independente".

Nesse sentido, a "materialidade" do texto dependerá da leitura – a leitura que ousa buscar o seu desvendamento como corpo –, que inevitavelmente consistirá num duplo – sombra, alma – pois que o texto lido é homólogo ao texto mesmo (ou seja, como registro material) mas inacessível corporalmente. Dessa leitura dependerá, por sua vez, o texto rematerializado na recriação, que se constituirá no duplo material do texto de origem.

Nessa via de pensamento, o duplo, a sombra imaterial será, ao mesmo tempo, o algo que persiste além do estado "defunto" do texto não lido, e o potencial de sua revitalização, o elo que permite a ressignificação por meio de uma verdade construída transitoriamente. A sombra será a portadora da verdade enquanto durar sua força proporcionada pela seiva da leitura e, portanto, da tradução.

Que verdade poderá permanecer como potencial para o processo de revitalização, ainda que passageiro, num poema? Novamente, um esforço de imaginação poderá atribuir mais um sentido à ideia de "morte" do texto: o da perda de sua comunicabilidade imediata, contextualizada, própria de sua vida datada, que encerra sentido mutável; o que se buscaria nele, então, como reveladora verdade, seria possivelmente identificável, ainda que em parte, com a ideia de "língua pura", de Walter Benjamin, expressa no mencionado artigo "A Tarefa do Tradutor". Tomemos algo dessa concepção por meio da leitura interpretativa que dela faz Haroldo de Campos, num dos textos em que busca definir a recriação poética:

> Trata-se, antes de mais nada, de promover como essencial para a tradução de poesia aquele "resíduo não comunicável", aquele "cerne" [Kern] do original, que permanece "intangível" [unberührbar] depois que se extrai dele todo o seu teor comunicativo. Ou seja, em outros termos, de estabelecer como tarefa do tradutor a "redoação" [Wiedergabe] em sua língua, não do mero sentido [Sinn] superficial, mas das formas significantes, como eu gostaria de dizer, que estão cativas nas obras de arte como "germes da língua pura", sob o peso desse "sentido" meramente denotativo que lhes é alheio.[30]

---

30 Tradução e Reconfiguração: O Tradutor Como Transfingidor, op. cit., p. 112.

As "formas significantes", ou seja, as que são passíveis, primeiramente, de percepção, num plano além da imediata comunicabilidade, consistiriam numa finalidade a ser obtida, uma "verdade" a ser atingida:

> A "língua pura", como língua verdadeira ou língua da verdade, absorve e absolve todas as intenções das línguas individuais e o "modo de intencionar" desocultado dos originais, e, nesse sentido, arruína a tradução como processo desvelador, por torná-la totalmente possível, já que a inscreve na sua transparência, na sua plenitude de significado último.

Assim se refere Haroldo a seu conceito de *transcriação*, relacionando-o às proposições de Benjamin

> o tradutor constrói paralelamente (paramorficamente) ao original o texto de sua transcriação, depois de "desconstruir" esse original num primeiro momento metalinguístico. A tradução opera, assim, graças a uma deslocação reconfiguradora, a projetada reconvergência das divergências, ao "extraditar" o intracódigo de uma para outra língua, como se na perseguição harmonizadora de um mesmo *telos*. Assim – voltando aos termos benjaminianos – a tradução: responderia à sua vocação última "para a expressão da mais íntima relação recíproca entre as línguas; corresponderia ao grande motivo que domina seu trabalho", qual seja, "uma integração das muitas línguas naquela única, verdadeira"; permitiria acenar para aquele "reino predestinado e negado da culminação reconciliadora e plena das línguas". Com a nota de que, numa abordagem laica, essa operação é provisória ("toda tradução é apenas um modo algo provisório de discutir com a estranheza das línguas", admite Benjamin, quando se restringe à dimensão humana do fazer tradutório)[31].

Mas retomemos, enfim, a busca de Odisseu pela verdade, a ser obtida por meio do vaticínio de Tirésias. A palavra verdadeira dita pelo vate atenderá

---

31 Ibidem, p. 110.

à necessidade do viajante; o que ele desconhece lhe será revelado como elo entre o passado, o presente (sua ida ao Hades) e o futuro (seu retorno a Ítaca), a mensagem que permeia e une os tempos e espaços, percebida como definitiva. Mas será ela definida inequivocamente? Ou guardará a potência da incerteza e da necessidade de escolha, inerente a todo entendimento? Nesse ponto, lembremos este trecho (em minha tradução) da fala de Tirésias, revelação da futura morte do herói – à qual o próprio adivinho associa o adjetivo *nemertés* (infalível; verídico, sincero, verdadeiro)[32], derivado do nome de uma das Nereides, Nemertes (Verídica), reafirmando, assim, seu compromisso anunciado antes, no verso 96, de dizer sem erro, com verdade (*nemérteia*):

> Um claro sinal te direi, que não vai escapar-te:
> quando contigo cruzar-se um outro viajante,
> e ele disser que nas nobres espáduas uma pá levas,
> então, depois de fincares na terra o remo ágil,
> [130]   e sacrifícios fizeres, belos, ao rei Posêidon,
> um javali cobridor, um carneiro e um touro,
> volta a casa e oferece hecatombes sagradas
> aos deuses, os imortais que o céu amplo habitam,
> a todos, na ordem. Ao largo do mar tua morte
> [135]   virá, amena, ceifando-te já enfraquecido
> por opulenta velhice; ao teu redor as pessoas
> serão felizes. O que te digo é infalível.

O verso 134 guarda uma ambiguidade no texto grego e, também, na tradução apresentada (optamos pela busca em se manter o sentido ambíguo no verso traduzido[33]). Trata-se da expressão θάνατος δέ τοι ἐξ ἁλὸς, que pode ser entendida como "para longe do mar" ou "do mar" (salino)[34]. Tratando-se

---

[32] Ver no original o final do verso 137: τὰ δέ τοι νημερτέα εἴρω.
[33] Para tanto, valemo-nos, no verso, da forma "ao largo do mar", cuja ambiguidade se faz pela presença simultânea de duas expressões de língua portuguesa, cujas definições colhemos no *Dicionário Houaiss*: "ao largo" (à distância, em alto mar; "fazer-se ao largo": navegar para longe da costa, afastar-se do litoral) e "ao largo de" (fora de, longe de, à distância). Ver A. Houaiss, M.S. Villar, *Dicionário Houaiss da Língua Portuguesa*.
[34] Confiram-se alguns dos significados atribuídos a ἐξ, forma de ἐκ antes de vogal e de algumas consoantes, conforme um verbete escolhido, aqui, por sua condensação: "1. adv. fora, ▶

das possibilidades de entendimento do significado de *eks alós*, observe-se o que diz A. Pierron: "*eks alós*, sous-entendu *genoméno*: ayant échappé à la mer; ayant survécu à tous les naufrages"[35].

E também a nota de William Bedell Stanford relativa ao verso no qual ocorre a referida expressão:

> ἐξ αλός [*Éks alós*] é melhor considerado como "longe, fora do alcance do mar" [...]. O v.l. ἔξαλος [*éksalos*], presumivelmente, tem o mesmo significado "fora do mar, em terra", em contraste com ἔφαλος [*éphalos*]e εινάλιος [*einálios*] [...]. Após suas longas andanças no mar, uma morte pacífica em *terra firma* estaria naturalmente entre os desejos mais profundos de O. [Odysseus] (embora Dante, *Inferno* canto 26, seguido por Tennyson em seu *Ulisses*, o retratasse, mais tarde, como cansado da vida doméstica). Contra essa interpretação de ἐξ [*éks*] está o fato de que leitores tão anteriores quanto Sófocles [em sua peça perdida Ὀδυσσεύς ακανθοπλήξ (*Odysseus akanthopléks*)] e Ésquilo em sua Ψυχαγωγοι (*Psykhagogoí, Cultivadores de Espíritos*, uma peça baseada nesse livro), o leem como "uma morte vinda do mar", fazendo Odisseu morrer em decorrência de um ferimento por um osso de peixe (encontrado acidentalmente e causando sepse, ou então usado como ponta de lança por Telégono, filho de Odisseu e Circe, de acordo com a lenda posterior). Mas isso dificilmente pode estar certo: tal morte estaria longe de ser "leve".[36]

O já mencionado George A. Gazis comenta – após citar os versos 129 a 137 do Canto XI – o seguinte: "De acordo com a parte final da profecia de Tirésias, Odisseu não alcançará seu *nostos* até que a ira de Posêidon seja

▷ afora; II prep. com genitivo: de, fora de, desde/longe de, indicando movimento, separação, sucessão dependência de origem/de, da família de (origem); por (causa), por causa de." (I. Pereira, *Dicionário Grego-Português e Português-Grego*.)

35 "*Eks alós*, subentendido *genoméno*: tendo escapado do mar; tendo sobrevivido a todos os naufrágios." (HOAP2, p. xx).

36 HOWBS, p. 387. Mais adequada, a nosso ver, seria a tradução do termo *psykhagogoí* por "condutores de almas".

aplacada. Para isso, é necessária uma nova jornada, coroada por uma morte suave, longe do mar ou do mar, enquanto cercado por pessoas felizes."[37]

O autor observa, em nota, que "Há um problema com a tradução de ἐξ ἁλός [*éks alós*], pois o grego pode significar 'longe do mar' [*away from the sea*] e '(saído) do mar' [*out of the sea*]" e remete a diversos autores que trataram do assunto, entre as décadas de 1960 e 1990[38]. Opto por citar outro autor de artigo publicado nos últimos anos, Jonathan S. Burgess, que assim inicia, sob o subtítulo "Death (Apart) from the Sea", a abordagem da questão, na qual afirma o aspecto enganoso das profecias (a citação é longa, mas creio pertinente para nosso estudo):

> Para interpretar o relato da *Telegonia* sobre a morte de Odisseu em Ítaca, primeiro consideraremos a profecia de Tirésias sobre a morte de herói no Canto XI da *Odisseia* (134-137):
> And death to you indeed from the sea, gentle-like, will come to you, which will slay you weakened in your sleek old age. And the people about will be prosperous. I speak these things to you as true.
> [E sua morte, certamente do mar, suave, chegará a você matando-o quando enfraquecido em sua fulgurante velhice. E as pessoas a seu redor serão prósperas. Eu falo essas coisas a você como verdade.]
> Tirésias prediz o retorno de Odisseu a Ítaca após a viagem para o interior e parece prever sua eventual morte na velhice, além do mar. Mas as profecias são famosamente enganosas. A preposição ἐξ [*ék*] com um verbo de movimento, pelo uso comparativo homérico e pelo uso padrão do grego, normalmente significa "de", como em "originário de". Portanto, as palavras de Tirésias devem significar "a morte chegará a você do mar". No entanto, muitos supõem que queiram dizer "a morte ocorrerá quando você estiver longe do mar". O equívoco é natural. Dadas as circunstâncias gerais da profecia (volta para casa, velhice, o povo de Ítaca próspero), bem como a ordem das palavras, Odisseu pode ser perdoado por pensar que estará separado do mar quando morrer.

37 G.A. Gazis, op. cit., p. 114.
38 Ibidem.

Isso não significa que devamos pensar o mesmo. É provável que as palavras de Tirésias sugiram enganosamente uma morte retirada do mar, mas na verdade se referem à morte chegando do mar.[39]

O autor considera que o público da Antiguidade compartilharia do entendimento acerca do significado da expressão, embora a ambiguidade pudesse levar Odisseu a uma interpretação equivocada do vaticínio:

> O público antigo, ciente de uma história tradicional da morte chegando a Odisseu a partir do mar, reconheceria o significado real, e também que Odisseu fora enganado pela ambiguidade das palavras. Deveríamos pensar que havia uma história tradicional da morte de Odisseu vinda do mar? A morte chega a Odisseu do mar na *Telegonia*. Proclus relata que Telegonus involuntariamente mata seu pai Odisseu. Isso ocorre em Ithaca, mas Telegonus chegou do mar. Ele também mata o herói com uma lança na ponta de uma arraia, uma criatura marinha. O verdadeiro significado da profecia, "a morte chegará a você do mar", é assim cumprido. Não estou sugerindo que a *Telegonia* anteceda a *Odisseia*, mas que sua história, ou outra muito parecida com ela, seja pré-homérica. West prefere pensar que Tirésias faz alusão à versão Esquiliana da morte de Odisseu, na qual uma ave marinha deixa cair merda cheia de farpas na cabeça do herói.[40]

Burgess prossegue com a menção a uma hipótese acerca de uma suposta contradição relativa à profecia de Tirésias; note-se especialmente, contudo, o final da citação, em que se afirma a ideia, sempre constatada, de que o verdadeiro sentido da predição só é conhecido após o fato consumado:

> O raciocínio racionalista desse argumento é desnecessário e ineficiente, embora pudesse haver versões multiformes da morte "do

---

[39] J.S. Burgess, Land and Sea in the Odyssey and the Telegony, em Anton Bierl; Menelaos Christopoulos; Athina Papachrysostomou, *Time and Space in Ancient Myth, Religion and Culture*, v. 10, p. 130.
[40] Ibidem, p. 35.

mar". A suposição incorreta do herói de que ele finalmente está livre dos perigos do mar sempre seria o ponto crucial.

O ponto de discórdia para muitos é a descrição de Tirésias da morte como "suave" (ἀβληχρός [avlichrós]) – como isso pode descrever a morte por lança? Mas, como sabemos que ἐξ ἁλός só pode ser interpretado erroneamente como "longe do mar", deve--se estar alerta para a possibilidade de ἀβληχρός ser enganosa.

Em publicações anteriores, sugeri que a natureza venenosa da coluna vertebral da arraia, conhecida na Antiguidade, poderia levar a uma morte lenta ou "pacífica".[33]

Existem explicações alternativas. Uma é lexical. ἀβληχρός possui um biforme, βληχρός; ambos são "fraco, suave" etc. Steve Reece explica de maneira persuasiva o prefixo alfa de [ἀ]βληχρός como resultado da má divisão oral/auditiva das palavras, com a junção do alfa final da palavra anterior a um βληχρός pré-existente para a criação da nova forma. Interessante para o meu argumento é a admissão de que o prefixo parece um alfa-privativo.

Desse modo, pode-se argumentar que as palavras de Tirésias parecem descrever a morte como suave, mas *realmente* significam que a morte será "não suave". Presumivelmente, o verdadeiro significado é entendido por Odisseu após o ato, como ocorre frequentemente com profecias.[41]

Interessa-nos, ainda, mencionar, em parte, o conteúdo de duas notas presentes no trecho do artigo aqui citado:

Algumas passagens homéricas (Od. 15.272, 19.7, Il. 14.129-130) parecem sugerir um significado alternativo da preposição [ἐξ] "à parte", com elisão coloquial de movimento implícito. A interpretação da passagem já foi debatida na Antiguidade, com referência a Telegonus: veja a *scholia* de West de 2013 [M.L. West, *The Epic Cycle: A Commentary on the Lost Troy Epics*, Oxford: Oxford University Press, 2013, p. 301]. [...]

41 Ibidem, p. 35-36.

Bostock [Robert Nigel, *A Commentary on Homer: Odyssey 11*, Thesis, 2007, p. 66] delineia excelentemente as correlações entre a profecia de Tirésias e as respostas oraculares, apenas para rejeitar essa abordagem decorrente da "tendência nas respostas oraculares de que o significado positivo seja aberto, o significado negativo enigmático, enquanto, neste caso, dá-se o oposto". Com isso, ele quer dizer que um significado negativo (do mar) é secundário, se intentado contextualmente. O argumento de May considera a morte vinda do mar como negativa e enigmática, e a morte apartada do mar como positiva e aberta (conforme entendida por Odisseu, ao menos); a passagem é, portanto, consoante com a orientação oracular.[42]

Diante do exposto, temos a dizer, no âmbito de nosso interesse neste estudo, que a decisão por uma "verdade" acerca do destino de Odisseu – seja por sua morte no mar ou distante dele, decorrente de uma nova aventura marítima (como a apresentada no "Inferno" de Dante) ou resultado do ferimento por um objeto proveniente do mar (como descrito na Epiteme de Apolodoro) – certamente não impede a permanência de outra. O que nos importa, portanto, é a perene dubiedade da expressão grega em questão, que, ademais, tem suscitado diversas opções tradutórias. Passemos a verificar, nas traduções que se seguem, em diversos idiomas (latim, inglês, alemão, francês, italiano, espanhol e português)[43] – às quais pude ter acesso, num processo de busca que, evidentemente, requereria continuidade e maior amplitude –, como aparece o relato referente aos versos 134-137, em grego:

sacras dis hecatombas omnibus facies. Poſt hæc mors tibi ex mari ualde imbecilla faciliſq, talis uidebitur/quæ te perimat feneſta negeta gaudere at circa populi diuites erut. Hæc itaq, tibi uera nuntio. Sic aitego aut illi

---

[42] J.S. Burgess, p. 34.
[43] Diversas das mais antigas traduções mencionadas podem ser lidas em versões digitalizadas; as traduções em língua inglesa são encontráveis na página *Published English Translations of Homer's Iliad and Odyssey*, preparada por Ian Johnston, uma lista periodicamente atualizada das traduções completas para o inglês (publicadas) das epopeias homéricas (disponível em: <http://johnstoniatexts.x10host.com>). Algumas em outros idiomas estão disponíveis em: <https://books.google.com.br>.

([...] Post haec **mors tibi ex mari** ual de imbecilla facilisque
talis uidebitur
quae te perimar senecta uegeta gaudété: at circa Populi diuites erút.)
Raphaello Maffei. Rome: Lacoubum Mazochium/Romanae Academiae Bibliopolam, 1510.

μὲ τῆ σειρὰ μάλιστα σ' ὅλους· καὶ μακριὰ ἀπ' τὸ κύμα ὁ θάνατος
135 τόσο ἥσυχος θὰ 'ρθεῖ, ποὺ θὰ σὲ πάρει
κατάφορτον ἀπὸ εὐτυχῆ γεράματα· καὶ γύρω σου ὅλοι
θὰ 'ναι πανευτυχεῖς· αὐτὰ σοῦ λέω τ' ἀληθινά.»

Δ. Παραδίτσας / Ἑλενη Λαδια. Ομηρου Οδυσσειας Λ – *Νέκυια*
–'Αθηνα: Ἐκδόσεις Ἁρμός, 2004. (D. Paradítsas / 'Eleni Ladia.
Omirou Odysseias L – Nékyia –'Athina: 'Echdóseis 'Armós.)

Zuletzt wird **außer dem Meere**
Kommen der Tod *und dich vom hohen behaglichen Alter*
Aufgelöseten sanft hinnehmen, wann ringsum die Völker
Froh und glücklich sind.
(Johann Heinrich Voß. Hamburg, 1957.)

Dann kommt dir später im Lande
Einst der gelindeste Tod: *der streckt dich sänftlich aufs Lager,*
Den das behaglichste Alter gebeugt; und um dich die Völker
Segnen ihr Los und leben im Glück. Dies künd ich dir wahrhaft.
(Rudolf Alexander Schröder, 1950.)

So shalt thou die in peace a gentle death,
Remote from Ocean; *it shall find thee late,*
In soft serenity of age, the Chief
Of a blest people. — I have told thee truth.
(William Cowper, 1791.)

[...] then, slow-approaching death
shall **far from ocean** steal away thy breath
In the soft of age, while round thee dwell

Thy blissful subjects: – such thy fate – farewell!
(William Sotheby, 1834.)

Your death will not ungentle be, for which
Age shall prepare you, and your soul unglue
Insensibly. Your people shall be rich
Which round about you dwell. All this is true.
(Thomas Hobbes, 1844.)

[…] but death will come upon thee **away from the sea**, gentle, very much such a one, as will kill thee, taken with gentle old age; and the people around thee will be happy: these things I tell thee true.
(Theodore Alois Buckley, 1853.)

And then the Periods
of all thy labors in the peace shall end
of easie death, wich shall the lesse extend
his passion to thee **that thy foe, the Sea,
shall not enforce it**, but Death's victory
shall chance in onely-earnest-prayer-vows age,
obtained at home, quote emptied of his rage,
thy subjects round about the, rich and blest.
(George Chapman, 1857.)

Then to thee **from the ocean**
Shall come a painless death, which shall remove thee
Softly, in hale old age: while round thee prosper
Thy people. Such the truth which I foretell thee.
(Henri Alford, 1861.)

[…] and **shall come**
Upon thyself, **from out the sea**, a death
So passing easy, as shall gently end thee
O'ercome by smooth old age; and all thy people
About thee shall be blest: what here I tell thee
Is all unerring truth.
(T.S. Norgate, 1863.)

[...] so to thyself shall death
Come softly **far from sea** in such a sort,
As to consume thee in a green-old age –
Thy work well-done – thy field of life ploughed-out:
Thy people round thee blessed with health and wealth!
This is the certain truth, as now I tell thee.
(Lovelace Bigge-Wither, 1869.)

Far from the sea, and gently take thee off
In a serene old age that ends among
A happy people. I have told the true.
(William Cullen Bryant, 1871.)

[...] **from the sea**
Death without violence will on thee come,
To kill then, by a prosperous old age,
Weighed down; contented will thy subjects be
Around thee; this unerringly I tell.
(Mourdant Roger Barnard, 1876.)

Then the death **from the sea shall come**
Exceeding mild and gentle, and thereby shalt thou fade out
By eld smooth-creeping wasted; and the people round about
Shall be grown all blithe and happy: lo, a soothfast word have I said.
(William Morris, 1887.)

As for yourself, death shall come to you **from the sea**, and your life shall ebb away very gently when you are full of years and peace of mind, and your people shall bless you. All that I have said will come true].
(Samuel Butler, 1900.)

So peaceful shalt thou end thy blissful days,
And steal thyself from life by slow decays:
Unknown to pain, in age resign thy breath,
When late stern Neptune points the shaft with death:
To the dark grave retiring as to rest,

Thy people blessing, by thy people bless'd!
(Alexander Pope, 1903.)

But for yourself **far from the sea** away
Shall death come very gently, and shall slay
In green old age outworn, and round your throne
A prosperous peolple. This for South I say.
(John William Mackail, 1903.)

At last shall a **death from the ocean**,
Such as of deaths is the mildest, befall thee and gently remove thee,
Weary and worn, in a smooth old age; and the around thee thy people
Happy shall livre. Lo, this is truth that I tell thee unerring.
(H.B. Cotterill, 1911.)

And death shall come to thee thyself **far from the sea**, [135]
a death so gentle, that shall lay thee low when thou art overcome with sleek old age, and thy people shall dwell in prosperity around thee. In this have I told thee sooth.
(Augustus Taber Murray, 1960.)

And, at length, **from the sea**, shall Death come,
Gently as ever can be, to yourself, and lull you to slumber
Weighted by prosperous years, with all your people around you
Happy and well content. And this is truth without erring.
(Francis Caulfeild, 1921.)

[…] And **from the sea** shall thine own death come, the gentlest death that may be, wich shall end thee foredone with smooth old age, and the folk shall dwell happily around thee. This that I say is sooth.
(Samuel Henry Butcher e Andrew Lang, 1932.)

[…] As for your own end, Death will come to you **out of the sea**, Death in his gentlest guise. When he take you, you will be worn out after na easy old age and I surrounded by a prosperous people. This is the truth that I have told you.
(Emile Victor Rieu, 1946.)

And at last your own death will steal upon you...
a gentle, painless death, **far from the sea** it comes
to take you down, borne down with the years in ripe old age
with all your people there in blessed peace around you.
(Robert Fagles, 1996.)

[...] then **out of the sea** will a death come
over you, ever so gently and easily; this it will be wich
kills you, tired in a sleek old age; anda round you the people
all will be happy and blessèd; the truth unerring I tell you.
(Rodney Merrill, 2002.)

Your death will come
far from the sea, such a gentle passing,
when you are bowed down with a ripe old age,
and your people prospering around you.
In all these things I'm telling you the truth.
(Ian Johnston, 2010.)

And death to you indeed **from the sea**, gentle-like, will come to
you, which will slay you weakened in your sleek old age. And the
people about will be prosperous. I speak these things to you as true.
(Jonathan Burgess, 2017.)

[...] A gentle death shall come to you
away from the sea and will take you in happy old age.
And around you the people will be prosperous.
This is the truth I say to you.
(George Alexander Gazis, 2018.)

[...] Death will come to you yourself,
such a very gentle one, **out of the sea**, and will slay you,
worn out with sleek old age, but your people will be
prosperous about you. I tell this you infallibly.
(James Huddleston, [s.d.])

TRADUÇÃO, METÁFORA E VERDADE 113

Après cela, **du sein de la mer**, sortira le trait fatal qui vous donnera la mort, et qui vous fera descendre dans le tombeau, à la fin d'une vieillesse exempte de toutes sortes d'infirmités, et vous laisserez vos peuples heureux. Voilà tout ce que j'ai à vous prédire.
(Madame Dacier, [s.d.])

[…] Et la douce mort te viendra **de la mer** et te tuera consumé d'une heureuse vieillesse, tandis qu'autour de toi les peuples seront heureux. Et je t'ai dit, certes, des choses vraies.
(Leconte de Lisle, 1877.)

(1) […] **loin de la mer** une douce mort viendra te visiter, ele t'emportera au sein d'une longue vieillesse, et autour de toi les peuples seront heureux. Je te dis la vérité.
(2) – ("literal, justalinear") […] et une telle mort tout à fait douce / viendra à toi-même / **hors de la mer,** / *mort* qui tuera toi / accablé sous (par) une vieillesse riche; / et autour de toi les peuples / seront heureux: / je dis à toi ces choses vraies.
("Deux traductions françaises", "Par une société de professeurs et d'hellénistes", 1882.)

[…] **puis la mer, t'enverrait la plus douce des morts**; tu ne succomberais qu'à l'heureuse vieillesse, ayant autour de toi des peuples fortunes… En verité, j'ai dit.
(Victor Bérard, 1974.)

[…] Pour toi, **la mort te viendra hors de la mer**, très douce elle te prendra quand tu seras affaibli par une vieillesse opulente; autour de toi, tes peuples seront prospères. Voilà ce que je te prédis en toute vérité.
(Médéric Dufor e Jeanne Raison, 1993.)

E a poco a poco da muta vecchiezza
Mollemente consunto, una cortese
Sopravverrà morte tranquila, mentre
Felici intorno i popoli vivranno,

L'oracol mio, che non t'inganna, è questo.
(Ippolito Pindemonte, 2011.)

[...] pero sabe
Que te verná la jerte blandamente
Fuera del bravo mar, y tomaráte
Em uma senectude cana y madura,
Y estando muy honrado entre tus pueblos
Muy ricos y muy prósperos: aquesto
Es lo que con verdad decirte puedo.
(Gonzalo Pérez, 1767.)

Y **del seno del mar,** cuasi imprevista,
Sin horror, sin angustia y sin espanto
Saldrá la muerte á terminar tus días.
(Antonio de Gironella, 1851.)

Te vendrá más adelante y **lejos del mar,** una muy suave muerte,
que te quitará la vida cuando ya estés abrumado por placentera
vejez; y á tu alrededor los ciudadanos serán dichosos. Cuanto
te digo es cierto.
(Luis Segalá Y Estalella, 1910.)

[...] **librado del mar,** llegará a ti la muerte,
pero blanda y suave, acabada tu vida en la calma
de lozana vejez; entretanto tu gentes en torno
venturosas serán. Éstas son las verdades que anuncio.
(José Manuel Pabón, 2008.)

[...] y **lejos del mar,** dulcemente,
morirás, mas dejando la vida llegado ya a una
placentera vejez; y tu Pueblo será em torno tuyo
muy feliz. Y em verdade yo te digo que todo es muy cierto.
(Fernando Gutiérrez, 1992.)

Y entonces te llegará la muerte **fuera del mar**, una muerte muy suave que te consuma agotado bajo la suave vejez. Y los ciudadanos serán felices a tu alrededor. Esto que te digo es verdad.
(ILCE – Instituto Latinoamericano de la Comunicatión Educativa, tradutor não identificado, [s.d.].)

Ali do mar *vir-te-á mais lenta a morte,*
Feliz velho, entre gentes venturosas.
Preenchidos serão meus vaticínios.
(Manuel Odorico Mendes, 1928.)

Uma suavíssima morte surpreender-te-á, depois, **longe do mar***. Ela apoderar-se-á de ti, quando te sentires cansado de uma velhice opulenta e à tua volta os cidadãos forem felizes. Estas previsões cumprir-se-ão.*
(Eusébio Dias Palmeira e Manuel Alves Correia, 1938.)

Tu mesmo virás a falecer **longe do mar**; *a morte será tão branda que não te levará antes de estares acabado numa velhice opulenta, no meio de tua gente, em plena prosperidade. Eis as verdades que te vaticino.*
(Jaime Bruna, 1968.)

[...] **Distante do mar** *há de a Morte*
te surpreender por maneira mui doce e suave, ao te vires
enfraquecido em velhice opulenta e deixares um povo
completamente feliz. Eis que toda a verdade te disse.
(Carlos Alberto Nunes, 2001.)

Para ti, a morte há-de surpreender-te **fora do mar**, *muito suave: ela tomar-te-á quando estiveres enfraquecido por uma opulenta velhice; em torno de ti, os teus povos serão prósperos. Eis o que te predigo com toda a verdade.*
(Cascais Franco, 1990.)

Quanto a ti, a mais suave das mortes te sobrevirá, **longe do mar**: *ela te arrebatará quando te sentires enfraquecido por uma velhice opulenta, rodeado de povos afortunados. Esta a verdade que te predigo.*
(Antonio Pinto de Carvalho, 1960/1978.)

[...] *E a morte* **do mar** *para ti*
Dulcíssima virá, que te matará
Fatigado sob uma velhice opulenta, e em torno a ti o povo
Bem-aventurado estará. Verdadeiras são as palavras que eu disse.
(Roosevelt Araújo da Rocha Júnior, 2000.)

[...] **Do talásseo mar,**
então, te provirá a morte, a mais doce, tal
que te colha avançado na idade, cercado
de um povo feliz. É o que eu falo e é verdade.
(Haroldo de Campos, 2006.)

[...] *Tânatos serenamente*
há de colher-te **mar afora,** *engrandecido*
por senescência opulenta, no regaço
de gente próspera. Vigora o que eu afirmo.
(Trajano Vieira, 2011.)

[...] *e* **do mar** *sobrevirá para ti*
a morte brandamente, que te cortará a vida
já vencido pela opulenta velhice; e em seu redor
os homens viverão felizes: é esta a verdade que te digo.
(Frederico Lourenço, 2003.)

[...] *alcançarás morte*
suave **longe do mar,** *debilitado por velhice tranquila.*
Terminarás teus dias cercado de homens venturosos.
As palavras que te digo não errarão o alvo. [...]
(Donaldo Schüler, 2007.)

[...] **Do mar** *virá a ti,*
bem suave, a morte, ela que te abaterá
debilitado por idade lustrosa; e em volta as gentes
serão afortunadas. Isso te digo sem evasivas.
(Christian Werner, 2014.)

[...] *Sairá do mar, pra ti,*
Uma morte assim, bastante branda, pra te arrebatar
Sob opulenta velhice; e em volta as gentes serão
Afortunadas: é isso que sem erro digo a ti.
(André Malta, 2018.)

Distante do mar, *velho,*
a morte te encontrará.
(Tereza Virgínia Ribeiro Barbosa, 2013.)

Como se pode constatar, a amostragem utilizada conta com 56 traduções (incluindo-se uma para o grego moderno e outra para o latim); delas, não será considerada, para cálculo comparativo, a tradução ao português de Antonio Pinto de Carvalho, que, por ser feita a partir de tradução francesa, adota solução de mesmo teor, embora com diversa escolha vocabular – "hors de la mer" / "longe do mar". Do total, somam-se 26 traduções que optam pela morte fora (longe) do mar (ou não causada por ele); 27 que escolhem a morte como proveniente do mar, e duas (para o inglês, de Thomas Hobbes, e para o italiano, de Ippolito Pindemonte) em que a referência à origem da morte é omitida. Assim, a ocorrência é praticamente a mesma, nesse conjunto, de ambas as opções tradutórias.

A demonstrada ambiguidade[44] do vaticínio reproduz, em duplo, sombra, a intangível e mutável verdade; a significação dependente da leitura

---

[44] A indefinição, ambiguidade ou sobreposição de sentidos é modelarmente explorada por Jacques Derrida em seu ensaio "Des tours de Babel" (Torres de Babel), no qual se vale, fundamentalmente, do episódio bíblico para discutir a necessidade e a impossibilidade da tradução. Vale citar, aqui, trechos da obra; no primeiro, Derrida refere-se a uma sugestão de Voltaire em seu *Dictionnaire philosophique*, no artigo "Babel": "Babel não quer dizer apenas confusão no duplo sentido dessa palavra, mas também o nome do pai, mais precisamente e mais comumente, o nome de Deus como nome do pai. A cidade carregaria o nome de Deus o pai e do pai da cidade que se chama confusão. [...] E o nome próprio de Deus já se divide o bastante na língua, para significar também, confusamente, 'confusão'. E a guerra que ele declara faz inicialmente furor no interior de seu nome: dividido, bífido, ambivalente, polissêmico: Deus desconstrói. Ele mesmo. *And he war*, lemos em *Finnegans Wake* [...] O *he war* [...] diz a declaração de *guerra* (em inglês) daquele que diz: 'Eu sou aquele que sou' e que assim foi (*war*), *terá sido* intraduzível na sua performance mesma, *ao menos nesse fato* que se enuncia em mais de uma língua ao mesmo tempo, ao menos no inglês e no alemão." (*Torres de Babel*, p. 13-14; 19.)

e, portanto, da escolha para a reconfiguração da mensagem. O sentido verdadeiro pode ser um ou outro (e ambos, em sua indecisão), e o será, localizada e temporariamente no ato tradutório: mesmo a fonte de informação intencionada na verdade a revelará para mais além da significação imediata e unívoca.

A predição ou profecia do vate traz, ainda que por meio de um único elemento linguístico, a esperada dubiedade oracular[45]: a compreensão única do sentido da profecia só se dá (como já foi mencionado, por meio de citação) após o próprio acontecimento que ela anuncia. No campo da analogia imaginativa, pode-se considerar a definição do sentido apenas após a assunção de cada opção adotada, a qual, por sua vez, poderá suscitar novas ambiguidades.

A Última Viagem de Odisseu

A questão da expressão *thánatos éks alós* foi motivo de referência do filólogo e crítico literário italiano D'Arco Silvio Avalle em seu estudo "L'ultimo viaggio d'Ulisse"[46], sobre o Canto XXVI do "Inferno" de Dante, estudo esse que motivou Haroldo de Campos a compor seu poema "Finismundo: A Última Viagem". Creio ser conveniente, a este trabalho, abordar esse poema e sua motivação, valendo-me dele para incluir outro

---

[45] Sobre a ambiguidade oracular, explorada na tragédia grega, leia-se este comentário de Beatriz Cristina de Paoli Correia sobre a obra trágica de Ésquilo, que nos serve como breve referência geral acerca do tema: "A complexidade, a polissemia, a ambiguidade, características que distinguem a poética esquiliana, são justamente características comumente atribuídas aos oráculos e a todas as formas de adivinhação que requerem uma hermenêutica dos sinais divinos. [...] não é em vão que as representações dramático-literárias dos oráculos os caracterizem como sendo fundamentalmente ambíguos, de difícil compreensão, de difícil interpretação. Essa caracterização é um modo de formular e de explicitar o descompasso existente entre a sabedoria divina e o limitado conhecimento humano, entre o ponto de vista divino – mediante o qual se revela um grau de verdade, de conhecimento e de ser próprio aos deuses imortais – e o ponto de vista humano – limitado por um grau de conhecimento, de verdade e de ser próprios aos homens mortais." (*A Adivinhação na Tragédia de Ésquilo*, p. 14.)

[46] D.S. Avalle, *Modelli semiologici nella Commedia di Dante*, p. 37-63.

pertinente conceito de Campos sobre tradução e literatura; passo a expor, primeiramente, tal conceito.

A "Plagiotropia"

Tenho procurado distinguir um conceito formulado por Haroldo de Campos como o potencial definidor do que ele denominou transcriação, por seu caráter diferenciador e fundador: o de *plagiotropia*, ligado à ideia da tradução como referência central para a teorização da literatura. Sob essa visão, a tradução se relacionaria com o próprio "processo literário", cuja natureza seria eminentemente derivativa:

> A *plagiotropia* (do gr. *plágios*, oblíquo; que não é em linha reta; transversal; de lado) [...] se resolve em tradução da tradição, num sentido não necessariamente retilíneo. Encerra uma tentativa de descrição semiótica do processo literário como produto do revezamento contínuo de interpretantes, de uma "semiose ilimitada" ou "infinita" (Peirce; Eco), que se desenrola no espaço cultural. Tem a ver, obviamente, com a ideia de paródia como "canto paralelo", generalizando-a para designar o movimento não-linear de transformação dos textos ao longo da história, por derivação nem sempre imediata. Conjuga-se com minha concepção da operação tradutora como o capítulo por excelência de toda possível teoria literária (e toda literatura comparada nela fundada).[47]

A "transformação dos textos ao longo da história" associar-se-ia, portanto, à ideia de paródia, entendida, sob o ponto de vista etimológico, como "canto paralelo", modo pelo qual Haroldo de Campos postula a natureza da tradução[48], cuja natureza dialógica foi por ele proposta desde seu artigo, aqui já referido, "Da Tradução Como Criação e Como Crítica".

O modo de ver a tradução e a criação literárias como operações intrinsecamente ligadas é identificável na produção haroldiana como um todo:

---

[47] Transluciferação Mefistofáustica, op. cit., p. 75-76.
[48] Ver Tradução, Ideologia e História, op. cit., p. 37-46.

em sua própria poesia, em suas transcriações e em sua escrita ensaística. Sobre esta, diga-se que apresenta, como uma possível marca em sua elaboração, ao longo dos anos, a especial característica de revelar sua busca incessante de fundamentação e estabelecimento de relações entre fontes de reflexão a fim de consubstanciar e consolidar um projeto que se demonstra coerente desde o princípio: seu objetivo de "apropriar-se da tradição" para reinventá-la perpassa todo o seu propósito de releitura do legado poético universal, desde as formulações da poesia concreta e da programática revisão crítica de autores sob um ponto de vista diverso do "cânone", até a sua poesia construída explicitamente como reescritura, caso do emblemático poema "Finismundo: A Última Viagem", que será, a seguir, objeto de nossa atenção.

"Finismundo"

A última viagem do herói grego Odisseu é também a viagem que, de meu ponto de vista, Haroldo de Campos realiza mais plenamente até o porto transitório do "enfrentamento do impossível", propulsor de sua própria criação poética. Refiro-me ao poema "Finismundo: A Última Viagem", originalmente publicado como livro em 1990, e posteriormente incluído no volume *Sobre Finismundo: A Última Viagem*, de 1997[49], e na coletânea de poemas *Crisantempo*, de 1998.

Odisseu-Ulisses é o símbolo que reúne sua leitura da tradição por um viés do novo, do inusitado; por uma tradução da tradição que implica a apropriação de sua historicidade para que seja recriada[50]. Incitado por seu desejo de desafio constante, em busca de contribuir para a explicitação da *gênese* da poesia e da renovação de sua própria poética, Haroldo ilumina a evidência de que o poema se constrói por movimento derivativo

[49] O volume contém a transcrição de uma palestra ministrada pelo autor como encerramento do Seminário Sobre o Manuscrito, organizado pelo setor de Filologia da Fundação Casa de Rui Barbosa, no Rio de Janeiro, em 1990.
[50] Diz Haroldo, em seu artigo "Tradução, Ideologia e História", acerca da tradução criativa: "no caso do que eu chamo 'transcriação', a apropriação da historicidade do texto-fonte pensada como construção de uma tradição viva é um ato até certo ponto usurpatório, que se rege pelas necessidades do presente da criação". (Op. cit., p. 39.)

de reinvenção, associando as ideias, as palavras, a sensibilidade estética e a consciência da linguagem:

> no final do ano passado [1989], que foi quando comecei a escrever Finismundo [...] eu estava fazendo um balanço desses [meus] 40 anos de produção poética. E o problema que se colocava, àquela altura, que, de resto, se tem colocado através de toda a minha carreira poética, é aquele problema que está quase na raiz de meu trabalho: o enfrentamento constante que o poeta acaba tendo com o fazer poético[51].
>
> há uma constante tentativa de se [...] colocar novamente diante da questão do enfrentamento com a dificuldade de fazer o novo[52].

A dificuldade de fazer o novo aponta para a dificuldade de realizar o impossível, tal como teria intentado Odisseu em sua última viagem, relatada por Dante no Canto XXVI do "Inferno", em que busca ultrapassar a fronteira do permitido aos homens. Nas palavras de Haroldo:

> No canto XI da Odisseia, quando Tirésias se pronuncia sobre o fim de Ulisses, a frase do vaticínio [...], no texto grego, se presta a mais de uma interpretação. Pode-se entender *thánatos eks halós* como uma morte para longe do mar salino, ou como uma morte que procede do mar salino. Então não estava claro na tradição se Ulisses morreria por causa do mar, ou seja, no mar, num naufrágio, ou se Ulisses acabaria morrendo em paz, em Ítaca, longe do mar salino.[53]

"Finismundo" é gerado, segundo o autor, a partir da leitura de um ensaio:

> o embrião que me permitiu concretar, realizar o texto do Finismundo foi, curiosamente, [...] um estudo [do crítico D'Arco Silvio Avalle] intitulado "L'ultimo viaggio d'Ulisse", onde esse autor

---

51 Idem, *Sobre Finismundo*, p. 13.
52 Ibidem, p. 15.
53 Ibidem, p. 17.

italiano se detém sobre o canto XXVI do Inferno, canto no qual Dante propõe a solução para um enigma que vinha da tradição clássica, o enigma do fim de Ulisses[54].

> Dante está propondo um fim para Ulisses, na carência do fim homérico [...] O ultrapassar, a travessia das fronteiras permitidas do mundo, que eram as colunas de Hércules. A busca de alguma coisa que estivesse mais além, busca que correspondia a um afã de curiosidade, um desejo de conhecimento, àquilo que em grego se chama *húbris*: essa desmesura orgulhosa com que o ser humano intenta, de certa maneira, confrontar-se com o impossível, no caso de Ulisses colorida pelo tema da velhice, porque é o velho Ulisses que vai fazer essa viagem.[55]

Curiosa mas muito coerentemente, os limites do novo são buscados, por Haroldo, na recriação da tradição[56], tomada como origem, gênese de seu poema; neste caso, a viagem refazedora recai sobre o naufrágio do herói grego, cuja gesta ultrapassou e ultrapassa os limites das gerações: "O risco da criação pensado como um problema de viagem e como um problema de enfrentamento com o impossível, uma empresa que, se por um lado é punida com um naufrágio, por outro é recompensada com os destroços do naufrágio que constituem o próprio poema."[57]

Relembre-se o trecho final da primeira parte de "Finismundo":

>   Ele foi   —
> Odisseu.
>   Não conta a lenda antiga

[54] Ibidem.
[55] Ibidem, p. 18.
[56] O enfrentamento do desafio da poesia e do impossível certamente poderá ser visto como uma *hýbris* do poeta, consubstanciada na apropriação e na recriação da tradição, à semelhança daquela proposta por Haroldo relativamente à tarefa do "tradutor-transpoetizador": "Transformar, por um átimo, o original na tradução de sua tradução; reencenar a origem e a originalidade através da 'plagiotropia.'" (O Que É Mais Importante: A Escrita ou o Escrito? Teoria da Linguagem em Walter Benjamin, em Marcelo Tápia; Thelma M. Nóbrega [orgs.], op. cit., p. 154.) Ousadia (re)criadora, desmedida, visando ao enfrentamento pleno da tarefa.
[57] H. de Campos, *Sobre Finismundo*, p. 15.

       do Polúmetis o fado demasiado.
                                Ou se conta
       desvaira variando: infinda o fim.

       Odisseu foi.   Perdeu os companheiros.
       À beira-vista
       da ínsula ansiada   — vendo já
       o alcançável Éden ao quase
       toque da mão: os deuses conspiraram.
       O céu suscita os escarcéus do arcano.
       A nave repelida
       abisma-se   soprada de destino.
                                      Odisseu não aporta.
       Efêmeros sinais no torvelinho
       acusam-lhe o naufrágio   —
       instam   mas declinam
       soçobrados no instante.
                           Água só.   Rasuras.
       E o fado esfaimando.   Última

                          thánatos eks halos
                 morte que provém do mar salino

       húbris.
                Odisseu senescente
       da glória recusou a pompa fúnebre.
       Só um sulco
       cicatriza no peito de Posêidon.
       Clausurou-se o ponto.   O redondo
       oceano ressona taciturno.
       Serena agora o canto convulsivo
       o doceamargo pranto das sereias
       (ultrassom incaptado a ouvido humano).

"Finismundo" é, penso, um texto referencial da produção poética haroldiana em si mesma, como o é relativamente a suas produções ensaística e tradutória. Quanto à própria poesia do autor, o poema encarna conceitos que permeiam sua trajetória criadora, como: a síntese (levada ao "minimalismo", no dizer de Haroldo, na fase da poesia concreta, nos anos 1950 e 1960); a estruturação inventiva; a riqueza, a precisão e a criação vocabulares; a espécie de mescla – única e marcante – de construtivismo e certo barroquismo peculiar; a utilização de recursos incorporados ao verso e seu sentido, como a espacialização das linhas; e, ainda, entre outras características notórias, a inserção absolutamente realizada de sua poesia no contexto da – por ele proposta – "pluralização das poéticas possíveis", característica da "poesia pós-utópica", porque posterior a toda utopia e toda possibilidade desta, que era própria das vanguardas (em que todos os criadores se engajam num propósito comum)[58], caso do movimento da poesia concreta. Não só pela múltipla face semiótico-poética, de emprego do verso num espaço amplo de significação, no qual os elementos de associação paradigmática se configuram ao mesmo tempo livre e exatamente, evocando toda a história da poeticidade, mas também pela apropriação de aspectos da dicção de Manuel Odorico Mendes (revivido pelo autor como revalorização de procedimentos que lhe eram característicos)[59], de citações e referências e da própria mítica do herói grego, cujo fim é mencionado em Homero e recontado em Dante – no próprio poema, portanto, espelha-se o plano pós-utópico da pluralidade linguística e literária, que abrange a formação

---

[58] Refiro-me às proposições apresentadas por Haroldo de Campos em seu artigo "Poesia e Modernidade: Da Morte da Arte à Constelação. O Poema Pós-Utópico", em *O Arco-Íris Branco*, p. 243-273. Nesse texto, afirma Haroldo: "Em seu ensaio de totalização, a vanguarda rasura provisoriamente a diferença, à busca da identidade utópica. Aliena a singularidade de cada poeta ao mesmo de uma poética perseguida em comum [...] Sem a perspectiva utópica, o movimento de vanguarda perde o seu sentido. Nessa acepção, a poesia viável do presente é uma poesia de pós-vanguarda, não porque seja moderna ou antimoderna, mas porque é pós-utópica. Ao projeto totalizador da vanguarda [...] sucede a pluralização das poéticas possíveis." A "poesia da presentidade" – conceito afinado com a conceituação de Octavio Paz de uma poesia do "agora" – envolveria "a admissão de uma 'história plural'" que incitaria "à apropriação crítica de uma 'pluralidade de passados.'" (Ibidem, p. 266-269.)
[59] "Eu queria, na primeira parte do poema, fazer uma homenagem a uma certa tradição [...]: a notável contribuição tradutória do poeta maranhense Odorico Mendes [...]." (Idem, *Sobre Finismundo*, p. 19.)

múltipla nos planos formal e semântico, incorporando-se a temática de um ensaio alheio voltado à herança da poesia ocidental.

Em "Finismundo", duas partes, dois tempos – um mítico, outro secular – dialetizam a sincronicidade[60]. Diz Haroldo:

> na primeira parte do meu trabalho, esta situação do herói homérico, eu a trato em modo sério-estético, ou seja, trabalhando sobretudo com determinadas estruturas de linguagem que retomam um certo teor épico, utilizando a visualidade do texto, uma herança da poesia concreta, para marcar como que o movimento das ondas, o balanço do poema [...] E na segunda parte, isso é posto em questão de um modo derrisório [...] O polúmetis, o poliardiloso, o Odisseu que tem tantos engenhos, vira Ulisses, um factótum, aquele que faz tudo, uma palavra do latim usada pejorativamente no jargão forense [...] O poema são os salvados no naufrágio. Isto não é dito, mas isto está exposto no estar-aqui do poema, na sua existência e subsistência. [...] Esses salvados do naufrágio entre um passado onde, por exemplo, foi possível um gesto épico, e um presente onde as sereias viraram sirenes e os escolhos, que amedrontavam os nautas homéricos no seu desafio ao mar aberto, viraram acidentes de tráfego [...]

Segue-se o trecho final da segunda parte do poema, em que a grandeza heroica se apequena e banaliza no dia-a-dia de uma metrópole contemporânea:

          Capitula
(cabeça fria)
tua húbris.   Nem sinal
de sereias.
Penúltima   – é o máximo a que aspira

---

[60] O conceito de "sincronicidade" permeia a proposta (plagiotrópica) do autor relativa a suas obras criativa, tradutória e ensaística. No dizer de Márcio Seligman-Silva, "Haroldo de Campos construiu a sua concepção não-linear da história, da tradução como corte sincrônico e criador de nexos históricos, com base num modelo intertextual tanto da literatura como da história" (*O Local da Diferença*, p. 200).

tua penúria de última
Tule.   Um postal do Éden:
com isso te contentas.

Açuladas sirenes
cortam teu coração cotidiano.

Diferentes tratamentos poéticos presentificam, em relação complementar que configura um conjunto construído de modo intemporal (porque feito de camadas sobrepostas de tempo e de texto, convertido este em índice sintético de um itinerário poético), o jogo de refeitura do eterno episódio odisseico-ulissíaco, que deverá sobreviver às possíveis novas releituras e recriações da morte do herói engenhoso.

Tal poema do autor representa modelarmente o processo de apropriação recriadora e revivificadora da tradição poética, que assume "o risco da criação pensado como um problema de viagem e como um enfrentamento do impossível"[61].

Ao tomar o "movimento plagiotrópico" como seu modo de entender e produzir literatura, Haroldo de Campos instaura, com a aura da plagiotropia, um conceito cujo alcance se estende à universalidade e à intemporalidade da (re)criação literária.

Breve Reflexão Conclusiva

A partir desse poema, que reflexões podemos realizar, extensivas ao tema que vínhamos desenvolvendo? Sempre considerando possibilidades de estabelecimento de relações que aproximem contextos e conceitos ainda que distantes, por meio metafórico, consideramos, em primeiro lugar, que a motivação pela via "oracular" (a consulta ao ensaio de D'Arco Avalle) de exposição de uma dúvida gerada pela ambiguidade, e da existência de uma solução consagrada em obra fundamental do cânon do Ocidente, alimentam a assunção da "tradução" da mesma solução com outra perspectiva estética

---

[61] H. de Campos, *Sobre Finismundo*, p. 15.

e elementos diversos: a "verdade" exposta e assimilada será relida de outro modo, e passará a existir como novo corpo a ser revivificado por meio das leituras no ambiente contemporâneo. A *hýbris* do poeta-tradutor consistirá na ousadia de, mediante uma visita a um espaço extrínseco à criação, tomar contato com a consciência da dúvida e do "duplo" que, sombra prosaica da criação intangível, passa a ser a revelação instigadora de nova viagem em busca de um novo termo transitório.

De nossa parte, a breve tarefa tradutória a que nos empenhamos – a do Canto XI da *Odisseia* – representa, como não poderia deixar de ser, o nosso modo de leitura da intrincada teia de elementos que compõem a épica homérica: em contato com o espectro grafado do que foi voz viva e ativa em um mundo tão diverso do nosso, cada fator foi considerado em sua potencialidade de dúvida e incerteza quanto a suas correspondências nos versos recriados, com a consciência da natureza estética inevitavelmente diversa destes, embora se façam em diálogo com o texto de origem. Buscamos em nosso trabalho inseminar um corpo coerente de opções que, ao configurar uma identidade, permitisse uma vitalidade resgatável pela leitura presente.

REFERÊNCIAS

Traduções das Obras de Homero

HOMERO
Ilíada de Homero. Tradução de Haroldo de Campos. São Paulo: Mandarim, 2002.
Mênis: A Ira de Aquiles. Tradução de Haroldo de Campos e Trajano Vieira. São Paulo: Nova Alexandria, 1994.
Odisseia: Fragmentos. Transcriação de Haroldo de Campos. São Paulo: Olavobrás, 2006.
Odisseia – Livro x, 467 até Livro xi, 640. In: ROCHA Jr., Roosevelt Araújo. *O Mundo das Sombras em Homero e Virgílio: Complexidades e Intertextualidades*. Dissertação (Mestrado em Letras), USP, São Paulo, 2000.
[HIMOM] *Ilíada*. Tradução de Manuel Odorico Mendes. São Paulo/Campinas: Ateliê/Unicamp, 2008.
[HOCW] *Odisseia*. Tradução de Christian Werner. São Paulo: Cosac Naify, 2014.
[HOTV] *Odisseia*. Tradução de Trajano Vieira. São Paulo: Editora 34, 2011.
[HODS] *Odisseia*. Tradução de Donaldo Schüler. Porto Alegre: L&PM, 2007. V. 2.
[HOFL] *Odisseia*. Tradução de Frederico Lourenço. Lisboa: Cotovia, 2003.
[HOMOM] [1928]. *Odisseia*. Tradução de Manuel Odorico Mendes. São Paulo: Martin Claret, 2003.
[HOCAN] *Odisseia*. Tradução de Carlos Alberto Nunes. 4. ed. Rio de Janeiro: Ediouro, 2001.
[HOCFL] *Odisseia*. Tradução de Cascais Franco. Lisboa: Publicações Europa-América, 1990.
[HOJB1] *Odisseia*. Tradução de Jaime Bruna. São Paulo: Cultrix, 1968.

[HOAPC] *Odisseia*. Tradução de Antonio Pinto de Carvalho. São Paulo: Difel, 1960/Abril, 1978.
[HOEDP/MAC] *Odisseia*. Tradução de Eusébio Dias Palmeira e Manuel Alves Correia. Lisboa: Sá da Costa, 1938.
[HOTVRB] *Odisseia em Quadrinhos*. Roteiro e tradução de Tereza Virgínia Ribeiro Barbosa; ilustrado por Piero Bagnariol. São Paulo: Peirópolis, 2013.
[HOAG] *La Odisea*. Traducción de Antonio de Gironella. Barcelona: Imprenta y Libreria Politecnica de Tomás Gorchs, 1851.
[HOTNI] *La Odisea*. (Tradutor não identificado.) Ciudad de México: ILCE – Instituto Latinoamericano de la Comunicatión Educativa, [s.d.]. (Obras Clasicas de Siempre.)
[HOGP] *La Ulixea de Homero*. Traducción de Gonzalo Pérez. Madrid: Francisco Xavier Garcia, 1767.
[HOJMP] *Odisea*. Traducción de José Manuel Pabón. Buenos Aires: Del Nuevo Extremo/Barcelona: RBA, 2008.
[HOFG] *Odisea*. Traducción de Fernando Gutiérrez. Barcelona: Planeta, 1992.
[HOLSE] *Odisea*. Traducción de Luis Segalá y Estalella. Buenos Aires: Espasa-Calpe Argentina, 1910.

HOMER
[HOJHV] [1781]. *Odyssee*. Übersetzt von Johann Heinrich Voß. München: Deutscher Bücherbund/Winkler, 1957.
[HORAS] *Odyssee*. Übersetzt von Rudolf Alexander Schröder. Berlim: Suhrkamp, 1950.
[HOGAG] *Odyssey*. Translated by George Alexander Gazis. New York: Oxford University Press, 2018.
[HOJB2] *Odyssey*. Translated by Jonathan Burgess. Berlin: De Gruyter, 2017.
[HOIJ] *Odyssey*. Translated by Ian Johnston. Vancouver: 2010. Disponível em: <http://johnstoniatexts.x10host.com/homer/odyssey1html.html>. Acesso em: ago. 2021.
[HORM] *Odyssey*. Translated by Rodney Merrill. Michigan: The University of Michigan Press, 2002.
[HORF] *Odyssey*. Translated by Robert Fagles. New York: Viking Penguin, 1996.
[HOEVR] *Odyssey*. Translated by Emile Victor Rieu. New York: Penguin, 1946.
[HOSHB/AL] *Odyssey*. Translated by Samuel Henry Butcher and Andrew Lang (Done into English Prose). London: MacMillan, 1932.
[HOFC] *Odyssey*. Translated by Francis Caulfeild (Translated into English, in the Original Metre). London: G. Bell, 1921.
[HOHBC] *Odyssey*. Translated by H.B. Cotterill (A Line for Line Translation in the Metre of the Original). London: George G. Harrap, 1911.
[HOAP1] *Odyssey*. Translated by Alexander Pope. London: Grant Richards, 1903.
[HOJWM] *Odyssey*. Translated by John William Mackail. In quatrains. London: John Murray, 1903.
[HOSB] *Odyssey*. Translated by Samuel Butler. New York: E.P. Dutton, 1900.
[HOWM] *Odyssey*. Translated by William Morris (Rhyming Verse of Irregular Line Length). London: 1887.
[HOMRB] *Odyssey*. Translated by Mourdant Roger Barnard. Edinburgh: Williams and Norgate, 1876.
[HOWCB] *Odyssey*. Translated by William Cullen Bryant. Blank Verse. Boston: Houghton Mifflin Company, 1871.
[HOLBW] *Odyssey*. Translated by Lovelace Bigge-Wither (Into Accentuated Dramatic Verses). Oxford/London: J. Parker, 1869.
[HOTSN] *Odyssey*. Translated by T.S. Norgate. London: Williams and Norgate, 1863.
[HOGC] [1615?]. *Odyssey*. Translated According to the Greeke by George Chapman. London: J.R. Smith, 1857.

[HOTAB] *Odyssey*. Translated by Theodore Alois Buckley (Prose). London: Henry G. Bohn, 1853.
[HOTH] [1675]. *Odyssey*. Translated by Thomas Hobbes (Rhyming Pentameters). London: Longman, Brown, Green and Longmans, 1844.
[HOJH] *Odyssey*. Translated by James Huddleston (Line for line, online interlinear English-Greek). [S.l.: s.n, s.d].
[HOWBS] *Odyssey I-XII*. Edited with Introduction and Commentary by William Bedell Stanford. London: Bristol Classical, 2003.
[HIOWS] *The Iliad and Odyssey*. Translated by William Sotheby. Cambridge: 1834.
[HIOWC] *The Iliad and Odyssey*. Translated into English Blank Verse by William Cowper. London: Printed for J. Johnson, 1791.
[HOATM] [1919]. *The Odyssey*. Translated by Augustus Taber Murray, Ph.D. Cambridge: Harvard University Press, 1960. 2 v.
[HOHA] *The Odyssey*. English Hendecasyllable Verse by Henry Alford. London: Longman, Green, Longman, and Roberts, 1861.

HOMÈRE
[HOMD/JR] [1934]. *L'Odyssée*. Traduction par Médéric Dufor et Jeanne Raison. Paris: Flammarion, 1993.
[HOAP2] *L'Odyssée*. Traduction par A. Pierron. Paris: Hachette, 1904. 2 v.
[HODTF] *L'Odyssée*. "Deux traductions françaises", "Par une société de professeurs et d'hellénistes". Paris: Hachette, 1882.
[HOLL] *L'Odyssée*. Traduction par Leconte de Lisle. Paris: Alphonse Lemerre, 1877.
[HOMD] *L'Odyssée*. Traduction par Madame Dacier. Paris: Garnier, [s.d.].
[HOVB] *Odyssée*. Traduction par Victor Bérard. Paris: Le Livre de Poche, 1974.

OMERO
[HOIP] *Odissea*. Tradotta da Ippolito Pindemonte. 5. ed. Verona/Torino/Roma: Editrige/ Giuseppe Pomba, 1822/1829/ 1993-2011.

ΠΑΡΑΔΊΤΣΑΣ
ΠΑΡΑΔΊΤΣΑΣ, Δ. / ΛΑΔΙΑ, Ἑλένη. *Ομήρου Οδυσσείας Λ – Νέκυια*. Ἀθήνα: Ἐκδόσεις Ἁρμός, 2004.

Outras

ALMEIDA, Guilherme de. *Flores das "Flores do Mal" de Baudelaire*. 3. ed. São Paulo: Editora 34, 2010.
ALMEIDA, Guilherme de; VIEIRA, Trajano. *Três Tragédias Gregas*. São Paulo: Perspectiva, 1997.
ANTUNES, Carlos Leonardo Bonturim. Sobre a Tradução. In: SÓFOCLES. *Édipo Tirano*. São Paulo: Todavia, 2018.
____. *Métrica e Rítmica nas "Odes Píticas" de Píndaro*. Tese (Doutorado em Letras), USP, São Paulo, 2013.
APOLLODORUS. *Apollodorus, the Library*. Translation by Sir. James George Frazer. Cambridge: Harvard University Press/London: William Heinemann, 1921. 2 v.
ATTRIDGE, Derek. Classical Meters in Modern Languages. In: GREENE, Roland (ed.). *The Princeton Encyclopedia of Poetry & Poetics*. 4. ed. Princeton/Oxford: Princeton University Press, 2012.

AVALLE, D'Arco Silvio. *Modelli semiologici nella Commedia di Dante*. Milano: Bompiani, 1975.
BENJAMIN, Walter [1921]. Die Aufgabe des Übersetzers. *Gesammelte Schiften*. Frankfurt: Shrkamp, 1980.
BILAC, Olavo; PASSOS, Guimarães. *Tratado de Versificação*. Rio de Janeiro: Livraria Francisco Alves, 1910.
BRITTO, Paulo Henriques. O Conceito de Contraponto Métrico em Versificação. *Poesia Sempre*, Rio de Janeiro, n. 31, 2009.
BURGESS, Jonathan S. Land and Sea in the Odyssey and the Telegony. In: BIERL, Anton; CHRISTOPOULOS, Menelaos; PAPACHRYSOSTOMOU, Athina (eds.). *Time and Space in Ancient Myth, Religion and Culture*. Berlin: Gruyter, 2017. V. 10.
CAMPOS, Haroldo de. Da Tradução Como Criação e Como Crítica. In: TÁPIA, Marcelo; NÓBREGA, Thelma M. (orgs.). *Haroldo de Campos – Transcriação*. São Paulo: Perspectiva, 2013.
____. O Que É Mais Importante: A Escrita ou o Escrito? Teoria da Linguagem em Walter Benjamin. In: TÁPIA, Marcelo; NÓBREGA, Thelma M. (orgs.). *Haroldo de Campos – Transcriação*. São Paulo: Perspectiva, 2013.
____. Para Além do Princípio da Saudade: A Teoria Benjaminiana da Tradução. In: TÁPIA, Marcelo; NÓBREGA, Thelma M. (orgs.). *Haroldo de Campos – Transcriação*. São Paulo: Perspectiva, 2013.
____. Tradução e Reconfiguração: O Tradutor Como Transfingidor. In: TÁPIA, Marcelo; NÓBREGA, Thelma M. (orgs.). *Haroldo de Campos – Transcriação*. São Paulo: Perspectiva, 2013.
____. Tradução, Ideologia e História. In: TÁPIA, Marcelo; NÓBREGA, Thelma M. (orgs.). *Haroldo de Campos – Transcriação*. São Paulo: Perspectiva, 2013.
____. *Metalinguagem & Outras Metas*. 4. ed. São Paulo: Perspectiva, 2010.
____. *O Arco-Íris Branco*. São Paulo: Rio de Janeiro: Imago, 1997.
____. *Sobre Finismundo: A Última Viagem*. Rio de Janeiro: Sette Letras, 1997.
____. *Finismundo: A Última Viagem*. Ouro Preto: Tipografia do Fundo de Ouro Preto, 1990.
____. *Transluciferação Mefistofáustica. Deus e o Diabo no Fausto de Goethe*. São Paulo: Perspectiva, 1981.
CARVALHO, Raimundo. Tradução de Poesia Latina Clássica: Uma Tradição Sempre Renovada. *Revista Letras*, n. 89, jan.– jun. 2014. Disponível em: <https://revistas.ufpr.br>. Acesso em: ago. 2021.
CASTILHO, Antonio Feliciano de. *Tratado de Metrificação Portuguesa – Para em Pouco Tempo, e Até Sem Mestre, se Aprenderem a Fazer Versos de Todas as Medidas e Composições, Seguido de Considerações Sobre Declamação e Poética*. Lisboa: Imprensa Nacional, 1851.
____. *Tratado de Metrificação Portuguesa – Seguido de Considerações Sobre a Declamação e a Poética*. 4. ed. Lisboa: Moré-Editora, 1874.
CHOCIAY, Rogério. *Teoria do Verso*. Rio de janeiro/São Paulo: McGraw-Hill, 1974.
CORREIA, Beatriz Cristina de Paoli. *A Adivinhação na Tragédia de Ésquilo*. Tese (Doutorado em Letras), USP, São Paulo, 2015.
DERRIDA, Jacques. *Torres de Babel*. Tradução de Junia Barreto. Belo Horizonte: Editora UFMG, 2006.
DRYDEN, John. Da Dedicatória à Eneida. Tradução de Renée Machado e Vânia Viotto. In: MILTON, John; VILLA, Dirceu (orgs.). *Os Escritos Clássicos Ingleses Sobre a Tradução – 1615-1791*. São Paulo: Humanitas, 2012.
FERNANDES, Rául Miguel Rosado. Catábase ou Descida aos Infernos – Alguns Exemplos Literários. *Humanitas*, Coimbra, v. XLV, 1993.
FLORES, Guilherme Gontijo; GONÇALVES, Rodrigo Tadeu. *Algo Infiel – Corpo, Performance, Tradução*. São Paulo: Cultura e Barbárie, 2017.

FRANCISCO, Reginaldo. Estrangeirização e Domesticação: Indo Além de Mais Uma Dicotomia. *Scientia Traductionis*, Florianópolis, n. 16, 2014. Disponível em: <https://periodicos.ufsc.br>. Acesso em: ago. 2021.

GAZIS, George Alexander. The "Nekyia". *Homer and the Poetics of Hades*. New York: Oxford University Press, 2018.

GENTZLER, Edwin. *Contemporary Translation Theories*. New York: Routledge, 1993.

GÉRALDY, Paul. *Eu e Você*. Tradução de Guilherme de Almeida. 10. ed. São Paulo: Companhia Editora Nacional, 1967.

GRAMMATICO, Giuseppina. El Descenso al Hades de Odiseo. Reflexiones a Partir de una Relectura de los Libros X y XI de la Odisea. In: GRAMMATICO, Giuseppina; ARBEA, Antonio; LEÓN, Ximena Ponce de. *El Descenso Como Itinerario del Alma*. Santiago: Centro de Estudios Clásicos – Universidad Metropolitana de Ciencias de la Educación, 1995.

GREENE, Roland (ed.). *The Princeton Encyclopedia of Poetry & Poetics*. 4. ed. Princeton/Oxford: Princeton University Press, 2012.

HAVELOCK, Eric A. *A Revolução da Escrita na Grécia e Suas Consequências Culturais*. São Paulo: Unesp/Rio de Janeiro: Paz e Terra, 1996.

HESÍODO. *Teogonia: A Origem dos Deuses*. Estudo e tradução de Jaa Torrano. São Paulo: Iluminuras, 2003.

HOUAISS, Antônio; VILLAR, Mauro de Salles. Ao Largo; Ao Largo de. *Dicionário Houaiss da Língua Portuguesa*. Rio de Janeiro: Objetiva, 2001.

JOYCE, James. *Ulysses*. London: Penguin Books, 1992.

JOHNSTON, Ian. *Published English Translations of Homer's "Iliad" and "Odyssey"*. Nanaimo: Vancouver Island University. Disponível em: <http://johnstoniatexts.x10host.com/homer/homer-translations.htm>. Acesso em: ago. 2021.

JOUANNA, Danielle. *Les Grecs aux enfers: D'Homère à Épicure*. Paris: Les Belles Lettres, 2015.

KAYSER, Wolfgang. *Análise e Interpretação da Obra Literária*. Coimbra: Arménio Amado Editor, 1968/São Paulo: Martins Fontes, 1976.

LAGES, Susana Kampff. *Walter Benjamin: Tradução e Melancolia*. São Paulo: Edusp, 2002.

LAKOFF, George; JOHNSON, Mark. *Metaphors We Live By*. Chicago: University of Chicago Press, 1980.

LEECH, Geoffrey. *A Linguistic Guide to English Poetry*. London: Longman, 1969.

LEVÝ, Jirí; CORNESS, Patrick; JETTMAROVÁ, Zuzana. *The Art of Translation*. Translated by Patrick Corness. Amsterdam/Philadelphia: John Benjamins, 2011.

LIDDELL, Henry George; SCOTT, Robert. *Greek-English Lexicon*. New York/Oxford: Clarendon Press/Oxford University Press, 1996.

LORD, Albert. *The Singer of Tales*. Cambridge: Harvard University Press, 1960.

LORMIER, Juliette. Traduire en hexamètres français: Une Contradiction dans les termes? *Rhuthmos*, 2019. Disponível em: <http://rhuthmos.eu>. Acesso em: mar. 2021.

MAFFEI, Raphaello. *Odissea Homeri per Raphaelem Volaterranum in latinum conuersa*. [S.l.: s.n.], 1510. Disponível em: <https://archive.org>. Acesso em: ago. 2021.

MALHADAS, Daisi et al. *Dicionário Grego-Português*. São Paulo: Ateliê, 2006-2010. 5. v. MALTA, André. *A Astúcia de Ninguém: Ser e Não Ser na Odisseia*. Belo Horizonte: Impressões de Minas, 2018.

_____. *A Selvagem Perdição: Erro e Ruína na Ilíada*. São Paulo: Odysseus, 2006.

MESCHONNIC, Henri. *Poética do Traduzir*. Tradução de Jerusa Pires Ferreira e Suely Fenerich. São Paulo: Perspectiva, 2010.

NOGUEIRA, Érico. *Verdade, Contenda e Poesia nos Idílios de Teócrito*. São Paulo: Humanitas, 2013.
NUNES, Carlos Alberto [1938]. *Os Brasileidas*. São Paulo: Melhoramentos, 1962.
____. Notas de Um Tradutor de Homero. *Revista da Academia Paulista de Letras*. São Paulo, 1956.
OLIVA NETO, João Angelo. O Hexâmetro Datílico de Carlos Alberto Nunes: Teoria e Repercussões. *Revista Letras*, Curitiba, n. 89, 2014.
OLIVA NETO, João Angelo; NOGUEIRA, Érico. O Hexâmetro Dactílico Vernáculo Antes de Carlos Alberto Nunes. *Scientia tradutionis*, Florianópolis, n. 13, 2013.
____. A Eneida em Bom Português: Considerações Sobre Teoria e Prática da Tradução Poética. II Simpósio de Estudos Clássicos, São Paulo, 2007. *II Simpósio de Estudos Clássicos*. São Paulo: Humanitas, 2007.
PARRY, Milman. The Distinctive Character of Enjambement in Homeric Verse. TAPhA (*Transactions and Proceedings of the American Philological Association*), Baltimore, n. 60, 1929.
PEJENAUTE, Francisco. La Adaptación de los Metros Clásicos en Castellano. *Estudios Clásicos*, Madri, XV, n. 63, 1971.
PEREIRA, Isidro. *Dicionário Grego-Português e Português-Grego*. 6. ed. Porto: Livraria Apostolado da Imprensa, 1984.
POPE, Alexander. Do "Prefácio" da Ilíada. Tradução de Marina Camera. In: MILTON, John; VILLA, Dirceu (orgs.). *Os Escritos Clássicos Ingleses Sobre a Tradução – 1615-1791*. São Paulo: Humanitas, 2012.
POUND, Ezra. Canto I. *The Cantos*. London: Faber & Faber, 1981.
____. *ABC da Literatura*. Org. e apresentação de Augusto de Campos; tradução de Augusto de Campos e José Carlos Paes. 3. ed. São Paulo: Cultrix, 1977.
PROENÇA, Manuel Cavalcanti. *Ritmo e Poesia*. Rio de Janeiro: Organização Simões, 1955.
PYM, Anthony. *Teorías Contemporáneas de la Traducción*. Tarragona: Intercultural Studies Group, 2012. Disponível em: <https://www.researchgate.net>. Acesso em: ago. 2021.
____. *Explorando as Teorias da Tradução*. Tradução de Rodrigo Borges de Faveri, Claudia Borges de Faveri, Juliana Steil. São Paulo: Perspectiva, 2017.
RAMOS, Péricles Eugênio da Silva. Os Princípios Silábico e Silábico-Acentual. *O Verso Romântico e Outros Ensaios*. São Paulo: Conselho Estadual de Cultura, 1959.
RICHARDS, Ivor Armstrong. *The Philosophy of Rhetoric*. New York/London: Oxford University Press, 1936.
ROBINSON, Thomas More. *As Origens da Alma – Os Gregos e o Conceito de Alma de Homero a Aristóteles*. São Paulo: Annablume, 2010.
ROCHA JÚNIOR, Roosevelt Araújo da. *O Mundo das Sombras em Homero e Virgílio: Complexidades e Intertextualidades*. Dissertação (Mestrado em Letras), USP, São Paulo, 2000.
ROHDE, Erwin. *Psique: El Culto de las Almas y la Creencia en la Inmortalidad Entre los Griegos*. Traducción de Salvador Fernández Ramírez. Barcelona: Labor, 1973. V. 1.
SCHLEIERMACHER, Friedrich Daniel Ernst. Sobre os Diferentes Métodos de Tradução. Tradução de Celso R. Braida. In: HEIDERMANN, Werner (org.). *Clássicos da Teoria da Tradução. V. 1: Alemão-Português*. 2. ed. Florianópolis: UFSC, 2010.
SELIGMANN-SILVA, Márcio. *O Local da Diferença: Ensaios Sobre Memória, Arte, Literatura e Tradução*. São Paulo: Editora 34, 2005.
STEADMAN, Geoffrey. *Homer's Odyssey 9-12: Greek Text with Facing Vocabulary and Commentary*. [S.l.: s.n.], 2010. Disponível em: <https://geoffreysteadman.files.wordpress.com>. Acesso em: ago. 2021.

STEINER, George. Fragments (Somewhat Charred). *The Kenyon Review*, Gambier, v. 34, n. 3, 2012.

TÁPIA, Marcelo. *Diferentes Percursos de Tradução da Épica Homérica Como Paradigmas Metodológicos de Recriação Poética*. Tese (Doutorado em Letras), USP, São Paulo, 2012. Disponível em: <www.teses.usp.br>. Acesso em: mar. 2019.

____. O Confronto Com o Impossível. *Revista Circuladô*, 6. ed., 2016. Casa das Rosas, Risco Editorial: 2016. Disponível em: <http://casadasrosas.org.br/centro-de-referencia-haroldo--de-campos/revista-circulado-ed6>. Acesso em: ago. 2021.

____. Sobre Conceituação Metafórica e Variabilidade Operacional em Tradução Poética no Brasil. In: FALEIROS, Álvaro et al. (orgs.). *Jornada Tradusp: Tradução e Poética*. Rio de Janeiro: Vermelho Marinho, 2014.

____. Questões de Equivalência Métrica em Tradução de Poesia Antiga. *Revista Letras*, v. 89. Curitiba: Universidade Federal do Paraná, 2014.

TÁPIA, Marcelo; NÓBREGA, Thelma Médici (orgs.). *Haroldo de Campos – Transcriação*. São Paulo: Perspectiva, 2013.

TORRANO, Jaa. *Eurípides – Teatro Completo*. São Paulo: Iluminuras, 2016.

____. *Ésquilo – Tragédias*. São Paulo: Iluminuras, 2009.

____. A Dialética Trágica na Oresteia de Ésquilo. In: ÉSQUILO. *Agamêmnon*. Tradução de Jaa Torrano. São Paulo: Iluminuras, 2004.

VENUTI, Lawrence. *The Translator's Invisibility: A History of Translation*. London/New York: Routledge, 1995.

VERNANT, Jean-Pierre. *As Origens do Pensamento Grego*. 14. ed. Rio de Janeiro: Difel, 2004.

____. *Entre Mito e Política*. São Paulo: Edusp, 2002.

VICO, Giambattista. *La scienza nuova e opere scelte*. A cura di Nicola Abbagnano. Torino: UTET, 1962.

VIRGÍLIO. *Eneida*. Tradução de Carlos Alberto Nunes. Organização, apresentação e notas de João Angelo Oliva Neto. São Paulo: Editora 34, 2014.

WINIFRED, Nowottny. *The Language Poets Use*. London: The Athlone Press, 1972.

ANEXO
ILIADEIA

ILIADEIA:
UM PÉRIPLO DA ILÍADA TRADUZIDA NO BRASIL
(ENSAIO FICCIONAL)[1]

Introdução

A história das traduções da épica homérica no Brasil pode ser vista como um périplo: essa é a premissa deste trabalho, que se pretende uma experiência poético-paródica, com certo viés didático; quase um caderno de anotações de quem – *hýbris* de aprendiz – ousa contar certos feitos de um modo um pouco seu. Para tanto, recorre reverentemente, à semelhança de Dante, a uma entrada no Inferno, acompanhado por um mestre; neste caso, o mundo adentrado será naturalmente, à maneira de Odisseu, o Hades, no qual estariam almas de tradutores nossos da *Ilíada* com que dialogamos, eu e aquele que me acompanha, Jaa Torrano; outros adquirem voz por meio de recursos da narrativa.

---

[1] Reserva-se a esta seção um trabalho autônomo (escrito em 2019) que, em virtude de seu caráter parcialmente ficcional, pode ser visto como uma vertente diferenciada de minha ensaística voltada ao tema da tradução da épica homérica, e do modo de utilização metafórica da ideia de descenso ao Hades para as reflexões sobre recriação poética. O ensaio foi publicado em: *Classica, Revista Brasileira de Estudos Clássicos*, São Paulo, v. 32, n. 1, 2019, p. 269-295.

São postos em verso ditos fictícios das personagens, assim como falas que citam literalmente escritos seus ou são adaptações desses escritos que visam à sua conversão em medidas de verso. Estas se moldam, prioritariamente, a um padrão versificatório adotado pelos tradutores-personagens, que também citam versos por eles traduzidos; a fala do narrador, minha, e do meu companheiro de viagem seguem, igualmente, padrões relacionados a modos nossos de composição. (Talvez se possa entrever, no exercício de versificação de citações, humilde memória do tempo em que se empregava o verso como veículo comum de transmissão de um pensamento[2].)

Assim, Manuel Odorico Mendes (1799-1864) diz em versos decassílabos, Carlos Alberto Nunes (1897-1990), em hexâmetros dactílicos (conforme o seu modo de adaptação silábico-acentual do hexâmetro grego: versos com cinco unidades ternárias e uma binária descendente) e Haroldo de Campos (1929-2003), em dodecassílabos (vali-me neste caso, por vezes, do hemistíquio hexassilábico; em outros, de diversa subdivisão da medida do verso). Vario o metro da voz do narrador, ora adotando o hexâmetro (nunesiano), ora as demais medidas, ora o esquema que cheguei a propor de transposição do verso homérico ao português: cinco a seis unidades acentuais por verso, com as tônicas em posições variadas, mas mantendo-se invariavelmente a "cláusula hexamétrica" (uma unidade ternária seguida de uma binária, ao final do verso)[3]. Jaa Torrano fala em versos livres.

As citações são referidas em notas, que informam acerca dos textos-fonte modificados nos versos e incluem referências e comentários adicionais que considerei pertinentes.

Se, por vingança, as Musas quiserem dizer-me

o que fazer com os feitos alheios e vários,

nelas terei de confiar sem confiar, na incerteza de ouvi-las,

e dar à luz este turvo exercício de fala espectral.

2   Como breve referência ao assunto, pode-se ver, por exemplo, a obra de Daniel Rossi Nunes Lopes, *Xenófanes de Cólofon. Fragmentos*, p. 6.
3   Ver o capítulo quatro da minha tese de doutorado, Proposição de Referência Rítmico-Métrica Associada a Método Tradutório, *Diferentes Percursos de Tradução da Épica Homérica Como Paradigmas Metodológicos de Recriação Poética*, p. 240-270.

Iliadeia

Musa, reconta-me os feitos dos bravos autores que deram
voz brasileira a Homero; sussurra-me, agora, de *Ilíada*
e os tradutores daqui, pois a eles será dada a cena.
O que disserem será, na verdade, o que captam ouvidos
de pouco alcance, restrita acuidade, sujeitos à falta
de entendimento, à mercê dos limites de psicografia
falha. Errarei pelos mares undosos de praias alheias,
para chegar a um lugar em que falem os vivos e os mortos,
onde convivam os tempos e espaços diversos da escrita
épica. Um solo profundo acharei neste plano distante,
numa quebrada de mundos, numa encruzilhada de ditos –
lêmures, corpos e escritas serão imbricados no averno terreno.

Evocarei Odorico, e Carlos Alberto, e Haroldo de Campos e
mais os que derem o ar de sua graça na saga, conforme
certa visão de contrários na ideia e iguais na tarefa,
ou de coral de iguais em ideia e contrários em jeito
de ser e ter a dizer em medidas distintas de versos
sob um oceano ruidoso que leva à guerra de Ílion
sacra, de Heitor e de Aquiles, heleno, e Agamêmnon e Príamo.

Ao chegar às portas do Hades, em companhia do mestre
Jaa Torrano, que gentil atendeu ao pedido
de guiar-me na viagem, evoco os espectros que, embora
do Eliseu sendo dignos, possam nos dar entrevista
especial à entrada do estranho Érebo, obscura,
que por graça de Zeus Eleutério alcançamos
(depois de ousar *traspassar il segno* – ir além dos limites).[4]

---

4 Referência aos versos de Bocaccio, relativos a Ulisses (Odisseu), em *Amorosa visione* –
"per voler veder trapassò il segno / dal qual nessun poté mai in qua reddire" – (que ecoam
Dante), o primeiro dos quais foi adotado por Haroldo de Campos como epígrafe de seu
poema *Finismundo: A Última Viagem* (cujo tema é a morte de Odisseu tal como apresentada no *Inferno* dantesco – XXVI, 83-142). Ver H. de Campos, *Crisantempo*, p. 55-59; 352-353.

Quis ofertar meu sangue a fim de que as almas ganhassem
sua força de vivos e cantassem em suas próprias palavras;
mas o que há é um Hades reflexo, avesso, em que a seiva
que me impulsiona é a delas; nutre-se o verso
dos ditos prescritos a meus vigilantes sentidos:
tais almas mantêm, por divina dádiva, a vida em seu verbo
e em seu gesto, fazendo-se sombras de ativa presença.

A bem da noção de princípio-poder e princípio-começo,
arkhé, manifesta-se todo o Jaa em força e sentido:
"Pelas musas heliconíades comecemos a cantar"![5]
A que, com certo ar de trânsito em transe, replico:
"Por elas nos demos a cantar, por elas nos demos..."

Odorico, o versi-heroico e conciso poeta,
surge sintético, com ar lacônico, usando
barrocas pérolas, de torcida forma, brilhantes,
de águas fundas, colhidas no subsolo lodoso;
indagado das contas de tom cerúleo, expele
duros versos guardados de cor, escolhidos a dedo:
"Não me apareças mais, quer ouses, velho,
deter-te ou retornar; nem áureo cetro,
nem ínfula do deus quiçá te valha.
Sai, não me irrites, se te queres salvo."[6]
Assim exordiou. Obediente e taciturno,
tentei afastar-me do bardo agastado; o meu guia,

---

[5] Versos da *Teogonia*, de Hesíodo, na tradução de Jaa Torrano (p. 105). Sobre o início da *Teogonia*, diz o tradutor: "A primeira palavra que se pronuncia neste canto sobre o nascimento dos Deuses e do mundo é *Musas*, no genitivo plural. Por que essa palavra e não outra? Dentro da perspectiva da experiência arcaica da linguagem, por outra palavra o canto não poderia começar, não poderia se fazer canto, ter a força de trazer consigo os seres e os âmbitos em que são. É preciso que primeiro o nome das Musas se pronuncie e as Musas se apresentem como a numinosa força que são das palavras cantadas, para que o canto se dê em seu encanto." (Ibidem, p. 21.)

[6] HIMOM, p. 45-46.

porém, a meu favor interveio, suasivo:
"Oh, Manuel, não recuses, assim,
a atender a meu diletante amigo;
concede-lhe, mestre, uma fala branda."

Diz Odorico em resposta, com ar abrandado:
"Dada a alta prosopopeia do
astucioso tradutor que me fala,
cederei ao incômodo chamado.
Pérolas cerúleas tenho colhido
a fim de nutrir-me do que careço:
a divinal beleza das palavras.
Da alma a poesia me fugiu celeste,
nem na cítara mais dedilhar soube,
desde que aqui mergulhei em ausência
após julgar despiciendos meus dons."[7]

Em vez de indagar do porquê de tão severo juízo,
fiz libação de silêncio o mais respeitoso,
como alimento ao espírito depreciativo,
mais eficaz que o mais convincente elogio.
Reanimou-se o aedo, evocando a lira de Aquiles:
"Já no arraial dos Mirmidões o encontram
a recrear-se na artefacta lira.
Que travessa une argêntea, insigne presa
dos raros muros d'Etion: façanhas
de valentes cantava, e só Pátroclo
tácito à espera está que finde o canto."[8]

De novo me pus em mudez, desta vez elogiosa;
farto de libações, ia o bardo saindo,

---

[7] O último verso alude à opção tradutória de Odorico para verso do Canto IX da *Ilíada*: "Dons não despiciendos lhe destinas". (Ibidem, p. 325.)

[8] Ibidem, IX, 149-154. A numeração dos versos da tradução de Odorico Mendes não corresponde à numeração dos versos do original grego.

quando retrocedeu e disse inquieto, bem seco:
"Que urge? A que vindes? Bem que irado, amigos,
exulto ao ver quaisquer humanos, vinde
a que vierdes. Passo-vos a fala."[9]

Eu, temeroso, lanço ao vento as palavras aladas:
"Concede dizer-me, pois, das fórmulas tuas,
e, também, da síntese tão buscada, sem trégua."
Respondeu-me o escritor, em seguida, polipansábio[10]:
"Trato de verter epítetos com
exatidão e nos lugares mais
apropriados; isso feito, omito
repetições: seriam enfadonhas.
Se vertêssemos servilmente as re-
petições de Homero, deixava a obra
de ser aprazível como é a dele;
das infidelidades, a pior..."[11]
Sobre compósitos solicitei-o, prudente.
Isto logo me disse, de funda memória:
"Cumpre lutar com o original,
temperando a iguaria co'os adubos
que nos ministra cada língua, ou
pedindo-as às entranhas, se preciso:
o mais não é traduzir; é emendar
ou corrigir o que não há mister
emenda nem correção; é tirar
aos leitores o [uma pausa segue-se]
gosto de penetrar na Antiguidade."[12]

[9] Os versos adaptam os seguintes versos do Canto IX da *Ilíada*, na tradução de Odorico Mendes: "Que urge? A que vindes? Bem que irado, amigos, / exulto ao ver os Dânaos que mais prezo." (Ibidem, p. 325, 358-359.)
[10] O termo "polipansábio" foi usado por Haroldo de Campos, relativamente à palavra πολυπάνσοφος (*polipánsofos*), em sua tradução do "dito da Pitonisa délfica sobre a questão homérica". (*Ilíada*, p. 5-6.)
[11] Os versos anotam trecho de notas de Odorico Mendes ao Canto I da *Ilíada* (p. 873).
[12] Os versos anotam trecho de notas de Odorico Mendes ao Canto II da *Ilíada* (p. 877).

Ousadamente ingênuo, lanço-lhe as desaladas palavras:
"Como lês, Odorico, teu próprio verso de Homero?"
Diz-me o verbissintético autor, em resposta:
"Só posso anunciar como alguns meus versos
veem: 'macarrônico'[13] ou pleno de
insucessos a uns pareço; 'pai
rococó', a outro vate que me
nutre, antiteticamente, nas noites
em que padeço de ouvir, sempre, sempre,
detrações de meus feitos, louvações
a meus defeitos, que devo expiar.
Mesmo de quem mais alento me trouxe
neste mundo profundo, ouvi ser
autor de soluções 'sesquipedais
e inaceitáveis'[14]. Hei de conformar-me."

À evocação de adjetivos ditados por Campos,
a nós, visitantes do Érebo, resta uma bruma hesitante;
é quando inicia uma fala ressoante o Torrano:
"Fatum é nada & nenhum evento necessariamente ser
o que é, mas necessariamente ser-&-não"[15],
disse, biambíguo, enquanto se via,
sob luz súbita, que ele um tirso portava:
"As Tieteidas
filhas de Amigo Zeus
nutrizes de Dioniso

---

[13] Referência ao juízo crítico emitido por Silvio Romero acerca das traduções de Mendes, assim mencionado por Haroldo de Campos: "[...] monstruosidades, escritas em português macarrônico". Acerca dessa citação e da qualificação "pai rococó", dada a Odorico pelo poeta Sousândrade, bem como sobre a importância da obra do tradutor, ver H. de Campos, Da Tradução Como Criação e Como Crítica, em Marcelo Tápia; Thelma M. Nóbrega (orgs.), *Haroldo de Campos – Transcriação*.
[14] Ibidem, p. 10. Referência a comentário de Haroldo de Campos.
[15] Citação de poema de Jaa Torrano, *A Esfera e os Dias*, p. 7.

nos dão a lucidez
de inebriante raio."[16]

Em risonha aparição, Haroldo irrompe com pena
de jade na mão, a grafar relembradas sentenças-
-sulcos em placa de vidro translúcido, acerca
do altivo e todo-ouvido vate Odorico:
"Muita tinta tem corrido p'ra depreciar
o Odorico tradutor, para reprovar-lhe
o preciosismo rebarbativo ou o mau gosto
de seus compósitos vocabulares. Mais
difícil seria, porém, reconhecer
que Mendes, admirável humanista, soube
desenvolver um sistema de tradução
coerente e consistente, em que seus vícios
(numerosos sem dúvida) são justamente
os vícios de suas qualidades, quando não
de sua época... Procurou reproduzir
as 'metáforas fixas', os característicos
epítetos homéricos,
inventando compósitos em português,
e muitas vezes extremando o paradigma.
É feliz na transcrição onomatopaica
do ruído do mar, uma constante incidência
na epopeia homérica:
'Muge horríssona vaga e o mar reboa,
com sopro hórrido e ríspido encapelam
o clamoroso pélago [...]'"[17]

Sabedores do apreço de Campos às obras
do tradutor, causou-nos pouca surpresa
o dito; mas o versi-heroico Odorico

---

16   Citação de poema de Jaa Torrano, *Divino Gibi. Crítica da Razão Sapiencial*, p. 15.
17   A "fala" atribuída a Haroldo compõe-se de excertos do texto Da Tradução Como Criação e Como Crítica, em Marcelo Tápia; Thelma M. Nóbrega (orgs.), op. cit.

exibe refeito ânimo, embora tivesse
o cenho agravado ao ouvir menção a seus vícios;
instigou-se a ponto de ofertar, generoso,
uma escrita de trégua, feita de angústia
antiga, apaziguada, nutrindo-nos de *Ilíada* compacta:
"'Por teu bom pai, de um velho te apiades:
mais infeliz do que ele, estou fazendo
o que nunca mortal fez sobre a terra:
Esta mão beijo que matou meus filhos.'
De Peleu mais saudoso, o herói suspira,
pega-lhe a destra e brando afasta o velho:
um de joelhos por Heitor pranteia;
outro chora seu pai, chora a Pátroclo:
de ambos o soluçar na tenda estruge."[18]

Afasta-se, após, o ereto, velocípede poeta,
a mostrar a lepidez que preserva apesar dos pesares
e do tempo corrido dês que calou a
voz mortal; pela estância plutônica, então, se esvaece.

Nova evocação da Musa surge, a seguir, na
voz de Campos, aguda e melodicossoante:
"A ira, Deusa, celebra do Peleio Aquiles,
o irado desvario, que aos Aqueus tantas penas
trouxe, e incontáveis almas arrojou no Hades
de valentes, de heróis, espólio para os cães,
pasto de aves rapaces: fez-se a lei de Zeus;
desde que por primeiro a discórdia apartou
o Atreide, chefe de homens, e o divino Aquiles."[19]

A discórdia, *mênis*, mostrou-se emergente,
assim como a erronia, *áte*, a perdição que motiva

---

[18] HIMOM, XXIV, 399-407, p. 857.
[19] *Ilíada*, tradução de H. de Campos, p. 31.

deuses, heróis e aedos. É quando soa, distante,
de onde não sei, a mélea voz de Silva Alvarenga,
longe, longe dali, por um túnel ouvida:
"Longe, longe daqui, vulgo profano,
Que das musas ignoras os segredos.
Eu vi sobre rochedos,
Onde nunca tocou vestígio humano,
Alta deusa descer com fausto agouro
Em branca nuvem realçada d'ouro.

Ah! Vem, formosa cândida verdade,
Nos versos meus a tua luz derrama:
[...]"[20]

Uma luz penetra o espaço, adensando-se;
e assim surge, em foco, o verso homérico inscrito
em lousa de vidro, cristal vislumbrado na névoa
("escrever no vidro / sentenças de vidro // in / visíveis"[21]
– evoco linhas celestes de Haroldo, no turvo ambiente)
em !bosque de eucaliptus! de vívido aroma[22]:
δημοβόρος βασιλεὺς ἐπεὶ οὐτιδανοῖσιν ἀνάσσεις
[*demobóros basiléus, epeì outidanoîsin anásseis*][23];
desoculta ramagem de signos acordes tilinta[24].
Acenando com os dedos, que portam a pena virente,
passa Campos a evocar, de cor, o versiconciso
recriador maranhense: "Odorico traduz:
'Cobardes reges, vorador do povo',

---

20 M.I.S. Alvarenga, *Obras Poéticas*, p. 63.
21 Os versos citados integram a parte 2 da seção "Signantia quasi coelum" (H. de Campos, *Signantia quasi coelum. Signância Quase Céu*, p. 36.)
22 A expressão "!bosque de eucaliptus!" é colhida na parte 2 de "Esboços para uma nékuia" (Ibidem, p. 91).
23 *Iliad: Homeri Opera in Five Volumes*, I, 231.
24 O verso incorpora citação de verso da parte 1 da seção "Signantia quasi coelum" ("desoculta ramagem de signos/ soa/ o acorde do uni/verso"). H. de Campos, *Signantia quasi coelum. Signância Quase Céu*, p. 28.

recuperando o *demobóros* com a sua
fórmula paronomástica 'vorador
do povo'"[25], diz; e em voz de alto pensar, murmura:
"Odorico, com efeito, é o patriarca da
tradução criativa no Brasil, no seu
intuito helenizante."[26]

O verso dele próprio ressoa em nossos ouvidos:
"Devora-povo! Rei dos Dânaos? Rei de nada."[27]
Dedicado a argumentar pelo labor tradutório, aponta:
"O trocadilho entre *Danaoi* e *outidanós*
se expande em paronomásia (dos DÂNAOS/ de
NADA). Lei da compensação, regra de ouro
da tradução criativa... Atento aos revérberos
sou.[28] Em 'Aquiles, dor do povo', procurei
explicitar a etimologia do nome
Akhilleús. Pois o nome do herói da *Ilíada*
procederia – conjetura – de *Akhí-Laous*,
'aquele cujo povo/exército tem dor'..."[29]

Outros versos dele relembro, tendo-os em cópia:
"Dá uma pausa à ira, Atreide. Eu próprio – eu –
sou quem te rogo: tira teu furor de sobre
Aquiles: [...]."[30] À audição dos versos, diz Haroldo:
"A rima em eco entre 'ira' e 'tira' visa a

---

25 Ver H. de Campos, Para Transcriar a Ilíada, em Homero, *Mênis*, p. 14-15.
26 Os versos provêm do seguinte fragmento do texto "Para Transcriar a Ilíada": "Odorico, com efeito, é o patriarca da tradução criativa no Brasil, no seu intuito pioneiro de conceber um sistema coerente de procedimentos que lhe permitisse helenizar o português, em lugar de neutralizar a diferença do original, rasurando-lhe as arestas sintáticas e lexicais em nossa língua." (Ibidem, p. 12.)
27 Ibidem, p. 16.
28 Os versos provêm de: "Atento a todos esses revérberos, procurei reconstituir, sonora e semanticamente, com o máximo de economia, o jogo de palavras que nas traduções consultadas [de Odorico Mendes e Carlos Alberto Nunes] passou em branco." (Ibidem.)
29 Ibidem.
30 Versos 282 a 284 do Canto I da *Ilíada*, na tradução de Haroldo de Campos (Ibidem, p. 51).

reproduzir um efeito de orquestração
interna do original: *paûe teòn ΜÉΝΟS /
methéΜΕΝ khólon*. Procuro estar atento à
microtessitura fônica, em pontos que
geralmente escapam às demais traduções."[31]

"... como os fados mandam" / *katà moîran*"[32], é o que
se ouve na voz de Jaa, ciente de mitos;
Haroldo explicita, a seguir, seu procedimento:
"Sim; não quis perder o matiz etimológico
alusivo ao destino (Moîra) na expressão..."[33]

Disponho-me a buscar, na luzente tela que trago
como bagagem, arquivos de citações recolhidas;
fazem-se imagem, em brancofluente cristal, enunciados
de Trajano Vieira, constante parceiro de Haroldo,
os quais proclamo, no ambiente translúcido, em linhas tangíveis:
"o apuradíssimo labor verbal de Homero
encontra, na tradução de Haroldo de Campos,
correspondências surpreendentes que fazem
dela um marco não só
da literatura de língua portuguesa.
Haroldo preferiu manter o mesmo número
de versos do grego e
preservar a misteriosa sonoridade
nominal, fazendo uso, aqui e ali, de
epítetos e de
expressões que esclarecem o significado
dos vocábulos."[34] Ao evocar Mnemosyne,
Haroldo põe-se a dizer os harmônicos versos:
"Eram Gláucia azul-mar e Tália florida; a ôndula
Cimodócea; a insular Neseia; a cavernícola

---

31 Os versos provêm de nota do tradutor aos versos 282-283 do Canto I da *Ilíada* (Ibidem, p. 20).
32 A citação refere-se à nota do tradutor (Ibidem).
33 Ibidem.
34 A citação provêm de Trajano Vieira (H. de Campos, *Ilíada de Homero*, p. 23-24).

Espeia; Toa, nado-agílima; Hália, cinza-sal,
olhos-redondos; Mélita, mel; Iera grácil;
Anfitóe circum-nadante e Ágave bem-nada;
Cimotóe, onda rápida; Acteia e Limnória;
Doto e seus dons; Proto, primícias; fértil Férusa;
Dexamene, cisterna-amena; Dinamene,
dínamo-fluente; a circum-próxima Anfinome;
Calianira, encanta-homens; Dóris; Panópeia,
pan-vidente; a gloriosa Galateia; Nemertes;
Apseude, Iânira, Ianassa, Climene, Caliâ-
-nassa, Maíra, Oriteia, Amátia – eis as Nereides
abissais, todas; [...]"[35]

Segue-se uma pausa, durante a qual o poeta
faz reticências no ar, multiecoante.
E, dirigindo-se a nós, envia palavras que planam:
"espio o expiar; reflito sobre os reflexos,
contemplo a vida devotada à poesia, ida,
expio o fazer apenas pelo que fiz;
não me é dada a fala desmorrida, renas-
cida.[36] Redigo o que me foi dado dizer."

E, da *Ilíada* de novo ocupando-se, toma
o tema da *mênis*, a ira tenaz, a cólera, o irado
desvario, a fúria[37] de Aquiles, voz dando à fala
de Agamêmnon ao chegarem a sua tenda Odisseu e
Ájax, vindos do encontro com o Pelida:
"'Dize-me Odisseu, multilouvado, aquéia glória,
ele quer defender as naus do fogo ardente,

---

[35] Versos 39-49 do Canto XVIII da *Ilíada*, conhecidos como o "Catálogo das Nereides", em tradução de Haroldo de Campos (Ibidem, p. 233).
[36] Alusão ao poema "Nascemorre". Ver H. de Campos, *Xadrez de Estrelas. Percurso Textual 1949-1974*.
[37] As diversas expressões que traduzem *mênis*, apresentadas em sequência, são adotadas pelos tradutores, na ordem: Odorico Mendes, Carlos Alberto Nunes e Christian Werner, Haroldo de Campos e André Malta.

ou – duro coração – disse não, todo-cólera?'
Respondeu-lhe Odisseu, divo multissofrido:
'Agamêmnon, excelso Atreide, rei-dos-homens,
ele, de fato, não quer aplacar a ira. Antes,
mais e mais, empina e infla sua cólera. A ti,
aos dons desdenha: com os Gregos, cuides tu
de salvar os navios e o exército aqueu;
ameaçou até mesmo se fazer ao largo
com as naus bicurvadas, belos-bancos, tão
logo faísque Éos, a Aurora. Pondera e propõe
aos outros retornar à pátria: vencer Troia
é impossível. Sobre ela Zeus, altissonante,
estendeu a mão, dando força a seus guerreiros.'"[38]
Faz-se presente, então, o espectro nevoento,
projeção de nossa vontade: a imagem do arguto
Odisseu, o multívio herói, o Ninguém engenhoso;
meditativo, proclama o Jaa em voz baixa:
"Ninguém fica para semente.
Ninguém remergulha no mesmo rio.
Ninguém rouba a paz ao Ciclope
& fura-lhe o único olho."
Quando se associa a *métis*, astúcia, a *mé tis*,
ninguém, atinge-se o zênite, penso, proponho,
da eficiência poético-paronomástica, inconquistável;
só dá Ninguém: não tem pra ninguém – esse é o cara,
o Ninguém; agudeza, ardil, o truque bem feito.
"André Malta que o diga, tendo-o bem dito"[39], comenta Jaa, o
mestre de ditos. Ao longe, afeito ao vagar odisseico,
Haroldo relembra sua reescritura da morte
do herói, contada por Dante, que o vira no Inferno:
[...]
"Efêmeros sinais do torvelinho

---

38 H. de Campos, *Ilíada de Homero*, IX, 677-687, p. 367-369.
39 Alusão ao tema do livro de A. Malta, *A Astúcia de Ninguém*.

Acusam-lhe o naufrágio –
Instam   mas declinam
Soçobrados no instante.
[...]"⁴⁰

Mas, atrelado à *Ilíada*, revive a cena em que Ájax
com o astuto compete, na prova proposta
pelo Pelida – à corrida dos jogos em honra
de Pátroclo, fúnebre embate, ambos se postam:
"A Atena, olhos-azuis, rogava Odisseu no íntimo:
'Deusa benigna, vem em socorro a meus pés!'
Falou, súplice, e Palas Atena o escutou,
fazendo-lhe mais ágeis membros e pés, braços
também. E quando estavam por lançar-se ao prêmio,
Ájax, à disparada, escorrega (empurrou-o
Atena) e cai no esterco acumulado pelos
bois altimugidores, abatidos por
Aquiles, em honor de Pátroclo; enlameia-lhe
Boca e nariz o estrume bovino! Arrebata
A cratera Odisseu, o primeiro a chegar.
Ájax recebe o touro e aferra-o pelo chifre,
Cuspindo esterco. Volta-se então aos Argivos:
'Ó céus! Deu-me, decerto, a deusa um trança-pé;
por Odisseu, há tempo, tem como desvelos
de mãe, sustendo-o sempre. [...]'"⁴¹

Ouve-se ao longe, longe, o espectro do mestre Odorico:
"No extremo quase, em mente o Laercides
Ora: 'Auxílio, Minerva olhicerúlea!'
A deusa o atende; os membros lhe agilita,
Pernas e mãos; já já no fim, transvia
A Ajax, que sobre o esterco das mugentes
Vítimas imoladas ao Menécio,

---

40 H. de Campos, *Crisantempo*, p. 58.
41 H. de Campos, *Ilíada de Homero*, XXIII, 769-784, p. 433.

Resvalando, enlameia a boca e as ventas.
Leva a cratera o paciente Ulisses;
Ajax do boi silvestre aferra os cornos,
A bosta escarra: 'Os pés falsou-me a deusa;
Ah! de Ulisses mãe terna o assiste sempre.'"[42]

Isso disse ele. Sob revérberos breves do verso-galope
πολλὰ δ' ἄναντα κάταντα πάραντά τε δόχμιά τ' ἦλθον
[pollà d'ánanta kátanta páranta te dókhmia t'êlthon],
dissipa-se a figura de Campos, a transcriá-lo:
"multivão, rampa-acima, abaixo-rampa, aos flancos..." [43]

"A alma, como um sonho, bate as asas e voa"[44],
digo; entreolhamo-nos, eu e o Torrano, pacientes,
à espera de nova visão numinosa no Hades;
surge, logo, o espectro de Nunes, o Carlos Alberto,
que em hexâmetros deu-nos Virgílio e Homero.
Inicia sua fala com tréplica aos versos alheios:
"à de olhos glaucos, Atena, Odisseu do imo eleva uma súplica:
'Ouve-me, deusa, e auxilia-me; aos pés ligeireza me empresta!'
A fervorosa oração foi ouvida por Palas Atena:
Leves lhe torna os membros, os braços e as pernas robustas.
E quando estavam no ponto de o prêmio alcançar cobiçado,
o ágil Ajaz, a correr, escorrega – o trabalho de Atena –
no liso chão, onde esterco se via dos bois mugidores
que o divo Aquiles em honra do amigo dileto imolara:
ficam de estrume emboldeadros a boca e o nariz do guerreiro.
Ganha a cratera o divino e sofrido Odisseu, porque tinha
sido o primeiro a chegar; leva Ajaz o boi forte dos campos.

[42] HIMOM, XXIII, 641-651, p. 825.
[43] H. de Campos, *Ilíada de Homero*, XXIII, 116. A tradução do verso é atribuída a Campos por Trajano Vieira, em sua Introdução ao livro (p. 25). Outra é, no entanto, a versão publicada do verso; segue-se a sequência dos versos 116-118: "caminham os mulos monteses [116] / à frente; por veredas, seguiam-nos os homens [117] / avante, de través, de flanco, a ré" (Ibidem, p. 395).
[44] Referência, em minha tradução, ao verso 223 do Canto XI da Odisseia, de Homero.

Pondo-se junto do boi das campinas, do chifre lhe aferra,
e a cuspinhar a espurcícia, aos valentes Aqueus se dirige:
'A escorregar obrigou-me, sem dúvida, a mesma deidade
que, como mãe carinhosa, a Odisseu sempre ampara e auxilia.'"[45]

O médico legista examina, com zelo e respeito,
as três dimensões projetadas de imagem, em mesa ausente,
do corpo ultrajado mas sempreintacto de Heitor, o troiano;
– a dissecção não seria um ultraje, por certo, agora –,
digo em meu íntimo ansioso de que secções não se dessem.
Passa a dizer o poeta, com alta e pausada emissão, os
dáctilos feitos ao modo do canto elevado de Homero:
"Para o cadáver voltando-se, Aquiles divino, então, fala:
'Morre, que me acho disposto a acolher o Destino funesto
logo que Zeus o quiser e as demais divindades eternas'.
A hasta de bronze, depois de falar, do cadáver arranca,
pondo-a de lado, e, também, a armadura sangrenta dos largos
ombros lhe tira. Acorreram, então, numerosos Aquivos
para admirar a imponência e a beleza do corpo de Heitor,
sem que nenhum de feri-lo deixasse, ao passar pelo corpo."[46]

E, desejoso de pôr-se a aclarar o teor do trabalho,
passa a falar-nos o Carlos Alberto, que ouvimos silentes:
"E assim firmemos, portanto, como é o caráter dos versos
épicos: são uniformes, há metro uniforme nos versos.
Interpretando o hexâmetro em termos de metro em língua
nossa, veremos tratar-se de verso bem longo, somando
dezesseis sílabas, paroxítono, com os acentos
postos na sílaba um, e na quatro, e na sét'ma e na déc'ma
e, em seguida, na déc'ma terceira e na décima sexta:
Ouve-me, Atena, também, / nobre filha de Zeus poderoso!"[47]

---

45 HICAN, p. 510-511.
46 HOCAN, XXIII, 364-371, p. 481.
47 Os versos adaptam trecho do item "O Hexâmetro", do "Ensaio Sobre a Poesia Épica", de Carlos Alberto Nunes, incluído na edição de seu poema *Os Brasileidas*, p. 38-39.

Fala o poeta, logo, em heroicas sequências
de decassílabos, como o fizera em *Os brasileidas*:
"Quando o poeta desse paradigma
se afasta, p'ra introduzir duas pausas
no verso, que o dividem em três partes
quase iguais, de regra volta no verso
seguinte a cair no ritmo inicial,
dominante em todo o recitativo:
    Dá que possamos / cobertos de glória / voltar para as naves,
    Pós grande feito acabarmos / que há de lembrar sempre aos
                                                                                   Teucros!
Nas traduções esse esquema não é
observado com rigor, ocorrendo
a tendência a variar de ritmo, pelo
deslocamento das pausas no verso,
com o que se evita a monotonia,
de possível desagrado ao ouvido
moderno."[48] E segue-se uma longa pausa.

Põe-se a ditar, em seguida, os versos alados da *Ilíada*
vindos da boca de Pátroclo, para Heitor, em tom débil:
"'Ora outra coisa te quero dizer, guarda-a bem no imo peito:
não tens, também, muito tempo de vida, que já se aproxima
de ti o Fado implacável e a sombra da lívida Morte.
Às mãos de Aquiles terás de morrer, o impecável Eácida'.
Pós ter falado, cobriu-o com o manto de trevas a Morte,
e a alma, dos membros saindo, para o Hades baixou, lastimando
a mocidade e vigor que perdera nessa hora funesta."[49]
Lança ele, então, com um tom eloquente, de Heitor esta fala,
co'os pés marcando o tal ritmo dactílico caro a si mesmo:
"'Pobre de mim! É bem certo que os deuses à morte me votam.
Tive a impressão de que o forte Deífobo estava a meu lado,
mas na cidade se encontra; foi tudo por arte de Atena.

[48] Ibidem, p. 39.
[49] HICAN, XVI, 850-854, p. 374-375.

Inevitável, a morte funesta de mim se aproxima.
Há muito tempo, decerto, Zeus grande e seu filho frecheiro
determinaram que as coisas assim se passassem, pois eles,
sempre benévolos, soíam salvar-me; ora o Fado me alcança.
Que, pelo menos, obscuro não venha a morrer, inativo;
hei de fazer algo digno, que chegue ao porvir, exaltado."[50]

E ressuscita, depois, pelas mãos do legista, o corpo
forte de Heitor; assombrados ficamos, Jaa e o copista,
e decidimos libar a alguns deuses olímpios presentes
em nossas mentes unidas; mas antes, alertas, lembremos
a concepção crítica, vivo argumento de Oliva
Neto, que passo a cindir em dez sílabas postas em linha:
"Tendo-se em vista a importância que têm
metro e ritmo na linguagem poética
e tomando-os como critério para
criticar tradução, é Nunes quem
heleniza, nos termos de Pannwitz,
metricamente o português ao nossa
língua aproximar do hexâmetro grego.
Como compositor, em nossa língua,
de hexâmetros datílicos, o poeta
reavivou tradição recente e pouco
frequentada."[51] E assim findo a leitura.
Ocorre-me, após, por sopro de íntima fonte,
perspectiva diversa de vista, alcançada:
o verso silábico-acentual não é tão estranho
à tradição vernácula, como bem mostra Eugênio
da Silva Ramos, o Péricles[52]. Chamo, a seguir, o Alvarenga,

---

50 Ibidem, XXII, 297-305, p. 479.
51 Os versos correspondem, com alguma adaptação, a excertos do item "Carlos Alberto Nunes, Incansável Tradutor", do texto "Breve Anatomia de um Clássico" (J.A.O. Neto, Breve Anatomia de um Clássico, em Virgílio, *Eneida*, p. 42-43).
52 Ver P.E. da Silva Ramos, Os Princípios Silábico e Silábico-Acentual, *O Verso Romântico e Outros Ensaios*, p. 23-31.

para evocar uma folga bucólica, em ritmo trocaico:
"Deste bosque alto e sombrio
Sobre a margem da floresta,
Vinha Glaura pela sesta
Vale e rio enamorar.
Tua Dríade a chamava,
Oh mangueira oh dias belos!
E entre pomos amarelos
Me esperava a suspirar."[53]
Passo a pensar: o que helenizar se procura
pode não ser o que um outro vislumbra em sua tarefa...

Nesse momento voltamos a ouvir
Carlos Alberto Nunes, a queixar-se:
"Expio, no Hades, as imperfeições
que tenho, e, tradutor, devo ter tido;
ouço, sempre e bem demoradamente,
as acusações de verso alongado,
nem sempre feliz, parente da prosa
e monótono, de dezesseis sílabas;
careço de mais me ter dedicado
à teoria de minhas traduções:
fiz muito, e todo esse muito que fiz
não bastam para o meu justo lugar."

Segue-se o mais demorado silêncio;
Diante do hiato, me ponho a dizer:
"em boca fechada não entra mosquito
mas quem cala consente."[54]
E Catulo me vem, segundo Oliva:
"Se na boca fechada tens a língua,
todos os frutos perderás do amor.

---

53 Fragmento do poema "A Árvore", de Silva Alvarenga (*Obras Poéticas*, p. 284).
54 Poema "Mas", de meu livro *Rótulo*, de 1990 (*Refusões. Poesia 2017-1982*, p. 299).

Vênus se alegra com verbosa fala.
[...]"⁵⁵

Retorno, atento, à veemente defesa
de Nunes pelo lembrado João Ângelo,
acerca da ideia de prosaísmo
e lentidão a seu verso atribuída:
"O verso será de fato prosaico
e monótono se for lido sem
cesura, à martelada.
A cesura no hexâmetro datílico
português divide-o em terços ou
hemistíquios que são,
eles mesmos, metros bem conhecidos
na tradição poética lusófona."⁵⁶

Eis que retoma sua fala, pulsante, o epopeico poeta:
"Meus longos e perseverantes feitos
hão de ter contribuído para a atual
convergência de uso de metros clássicos
em recriações de poesia antiga.
Mas me animo ao dizer e ouvir, de novo,
versos de meu próprio poema épico,
a epopeia nacional, camoniana
Ilíada de embates tropicais:
'Levanta-se do oceano a rósea Aurora,
flores rubras nos montes desparzindo.
Suspensa jaz a redondeza. Rola
dos borés a chamada clangorosa
por toda a Guanabara, e a voz netúnia
de encontro aos areais suspira e geme.

---

55 Versos do poema 55, em J.A. Oliva Neto, *O Livro de Catulo*, p. 103.
56 Os versos provêm, com alguma adaptação, de excerto de J.A. Oliva Neto, em: O Hexâmetro Datílico de Carlos Alberto Nunes: Teoria e Repercussões, *Revista Letras*, n. 89, 2014, p. 198.

Torva, a distância, alastra-se a cuquiada,
concitando guerreiros para a luta.'"[57]

É quando, em libação de palavras fluidas, esparge
Jaa estes versos, de seu célebre Hesíodo:
"Pelas Musas e pelo golpeante Apolo
há cantores e citaristas sobre a terra,
e por Zeus, reis. Feliz é quem as Musas
amam, doce de sua boca flui a voz.
Se com angústia no ânimo recém-ferido
alguém aflito mirra o coração e se o cantor
servo das Musas hineia a glória dos antigos
e os venturosos Deuses que têm o Olimpo,
logo esquece os pesares e de nenhuma aflição
se lembra, já os desviaram os dons das Deusas."[58]

Optamos, então, por deixar o Érebo, mudos,
e caminhar rumo à beira do mundo vivente,
onde intentamos, em rede, uma videoconversa
com valentes autores amigos, distantes em corpo.
Tendo evitado o azeitoso rio Lethe, com plena Memória[59],
eu e Jaa nos sentimos deveras saudosos,
por nosso apego aos eternos mestres deixados;
as amizades promovem a continuidade entre a terra
e o Hades, o mundo dos vivos e o mundo dos mortos.[60]

Jaa reflete: "penso, em mínima suma,
que se devem assegurar coerência, clareza e acribia
à transposição, para a língua vernácula,

---

[57] Fragmento do Canto IV de *Os Brasileidas*, de C.A. Nunes, p. 139.
[58] Hesíodo, *Teogonia*, p. 111.
[59] Sobre a mitologia da Memória e do Esquecimento, ver breve passagem de M. Eliade, em *Mito e Realidade*, p. 109.
[60] Sobre a afirmação, ver A. Malta, *A Selvagem Perdição*, p. 279.

do sistema reiterativo e inter-referente
de imagens e de noções míticas..."[61]

Chegados ao local do limite antes transposto,
sentamo-nos, quietos, diante da tela brancofluente.
Em facetado cristal, com imagens de múltipla origem,
surgem as faces telepresentes de Christian Werner,
André Malta, Leonardo Antunes e Adriane Duarte,
ao vivo e em cores. A fala inicio, rememorando
em soneto a trégua entre aqueus e troianos obtida
pelo rei Príamo, obra do poeta irlandês Michael Longley,
diante de luta alongada na ilha esmeralda:

CESSAR-FOGO

I
Relembrando o próprio pai, lacrimoso, Aquiles
Tomou a mão do velho rei; com gentileza
Afastou-o, mas Príamo abraçou-lhe os pés:
Choraram, e a tenda inundou-se de tristeza.

II
Tendo nas mãos o corpo lavado de Heitor,
Aquiles, que respeito pelo rei nutria,
Embrulhou-o em túnica, como presente
A ser ofertado a Troia ao raiar do dia.

III
Cearam juntos e, então, admiraram a
Beleza um do outro, como o fariam amantes –

---

[61] Os versos provêm, com alguma adaptação, de excerto do texto "A Dialética Trágica na Oresteia de Ésquilo", de Jaa Torrano, em Ésquilo, *Agamêmnon*, p. 14.

Aquiles qual um deus, Príamo ainda belo
E pleno de prosa, ele que suspirara antes:

IV
"Faço o que devo: posto de joelhos me humilho;
Beijo a mão de Aquiles, que aniquilou meu filho."[62]

Primeiro responde André, que verteu cantos de Homero
em versos compostos de dois redondilhos maiores,
a recitar a palavra de Príamo, que suplicava
por seu guerreiro maior, o ultrajado cadáver:
"O grande Príamo entra sem ser percebido, e para;
com as mãos agarra os joelhos de Aquiles, e as mãos lhe beija,
terríveis, cruentas, que tinham lhe matado muitos filhos."[63]
E segue dizendo:
"'Heitor! É por causa dele que venho às naus dos acaios,
pra resgatá-lo de ti. Trago um imenso resgate.
Respeita os deuses, Aquiles, e te apieda de mim,
lembrando-te de teu pai. Sou mais digno de piedade:
ousei o que outro mortal sobre a terra nunca ousou – levar as
mãos do varão que matou meu filho à boca.'"[64]

Indagado do labor tradutório, ele nos fala
de oralidade e de sua opção para uso do verso:
"Numa tradução que almeja / ser simples e ser poética
(em que 'poético' tem / um sentido mais visual
e conceitual do que / um sentido musical)
a utilização do verso / foi um critério importante;
revela a preocupação / rítmica, embora alusiva.
O metro que propusemos / é mais uma tentativa
de encontrar em nossa língua / um equivalente para
o hexâmetro grego, tão / estranho às nossas medidas.

[62] M. Tápia, Poemas Irlandeses, *Cadernos de Literatura em Tradução*, n. 7, p. 97.
[63] Ilíada, XXIV, 377-379, em A. Malta, *A Selvagem Perdição*, p. 389.
[64] Ilíada, XXIV, 501-506 (Ibidem, p. 390).

Trata-se de linha elástica / e maleável, de 14
até 17 sílabas, / em cuja base se encontram
duas redondilhas maiores, / metrificadas, porém,
com mão leve e imprecisa / sem a cesura de praxe.
A validade do emprego / do verso básico de
sete sílabas – o qual / não tem tradição heroica
entre nós – reside no / fato de ser largamente
observado na poesia / popular e oral e assim
se aparentar, de algum modo / à épica grega, além
de servir a meu propósito / de procurar o que é simples."[65]
Assim disse o bi-heptassílabo autor, que em seguida
nos oferece seus versos do nono canto da *Ilíada* – a fala do chefe
Agamêmnon sobre a *áte*, a Aquiles:
"'Mas vamos, Aquiles, doma / teu grande ânimo. Não deves
ter entranha piedosa: / mesmo os deuses são flexíveis – e deles
são bem maiores / a virtude, a honra e a força.
A eles com os incensos, / com os suaves clamores,
a libação e a gordura, / os homens por aqui aplacam,
suplicantes, quando alguém / cai em transgressão e falta.
Pois as Súplicas são mesmo / filhas do grandioso Zeus,
claudicantes, enrugadas / e estrábicas dos dois olhos,
e que ainda se preocupam / em seguir a Perdição.
Mas a Perdição é ágil, / robusta, e por isso corre
muito mais que todas elas, / e é a primeira em toda a terra
a prejudicar os homens – / que aquelas, vindo atrás, curam.'"

Surge, logo, em novo quadro na tela brilhante,
o jovem Leonardo Antunes, que nova proposta
métrica traz para recriação da epopeia;
isto diz ele, a nosso pedido, em linhas cindidas:
"O método escolhido: traduzir
cada hexâmetro dactílico de
Homero por dois versos decassílabos

---

[65] Os versos provêm, com alguma adaptação, de Malta (Ibidem, p. 6).

vernáculos. A solução de Malta
inspirou-me a adotar dois decassílabos.
Há quatro vantagens na solução:
o decassílabo é o metro canônico
da épica em Português; dois decassílabos
oferecem espaço suficiente
para todo o conteúdo semântico,
em um trabalho também preocupado
com a estética, sem precisar
de inversões e outros artifícios que
pudessem comprometer a clareza;
a articulação interna do hexâmetro
dactílico, que se divide em dois
hemistíquios, em muitos casos já
organiza o conteúdo do verso
em duas partes, que são recriadas
em Português em dois versos distintos;
poderia usar quantos decassílabos
fossem necessários, mas preferi
a correspondência 2 para 1:
'Ira de Aquiles, filho de Peleu,
deusa, concede que eu celebre em canto,
ira fatal que aos acaios impôs
uma miríade de sofrimentos;
muitas almas de força e valentia
fez descender para a casa de Hades;
almas de heróis cujos corpos sem vida
relegou como espólio para os cães
e de banquete às aves de rapina.
Assim cumpria-se o plano de Zeus
desde o primeiro momento em que os dois
por força da discórdia se apartaram,
o Atrida, soberano de varões,
e o filho de Peleu, divino Aquiles.'

Apresento, também, versos da minha *Miríade*, um épico composto em torno do número 10: serão 100 histórias, cada uma com 10 estrofes de 10 versos de 10 sílabas, num total de 10.000 versos. Eis o início do poema 002, pastiche da *Ilíada*:

'I
Otávio Augusto Motta, 33,
conhecido por todos no escritório
como 'o melhor dentre os publicitários',
não lera nunca a 'Ilíada' de Homero,
mas seu coach lhe havia dito a história,
que conhecera de segunda mão
por meio de um resumo no best-seller
'Liberte seu guerreiro interior:
5 macetes do heroísmo grego
para alcançar melhores resultados'.

II
Por conta disso e por se ter achado
o mais perfeito duplo para Aquiles,
deixou-se finalmente acometer
pela fúria que há tempos refreava
usando psicotrópicos diversos.
Partiu para o trabalho àquele dia
deixando de tomar seu Rivotril,
cansado após três meses de projeto,
durante os quais, segundo contaria,
levou nas costas toda a sua equipe.'"[66]

---

[66] Os versos provêm, com alguma adaptação, de Carlos L.B. Antunes (Três Modos de Recepção dos Clássicos, *Revista Re-Produção*, n. 5, disponível em: <http://www.casaguilhermedealmeida.org.br>).

Soam risos; diz Jaa, dando graças:
"Musas inspiram cantores
 que inspiram os ouvintes
 que inspiram outros ainda
 e outros e outros e outros
 tal qual a pedra magnética
 que imanta anéis de ferro
 que imantam outros anéis
 e outros e outros e outros."[67]
Digo, em seguida, versos de outro contexto pinçados:
"o nome e a ideia
sobrepõem-se aos
cacos
do tempo
desarruinando o passado"[68]

Chega a vez de ouvirmos os feitos de Christian,
que por anos lançou-se a verter *Odisseia* e *Ilíada*,
baseando-se na natureza oral dos poemas
e no uso de expressões formulares, às quais se refere:
"Busco, na manutenção desse meio expressivo intrínseco
a uma forma tradicional de comunicação,
o meio de trazer o mundo épico aos leitores de hoje,
que poderão experimentar um distanciamento
significativo de seu tempo, lugar e linguagem
cotidiana por meio de uma combinação
particular de familiaridade e estranheza."[69]

Divago pensando que em tal equação talvez se defina
o traço marcante de cada diversa versão tradutória;

---

67 Os versos são do poema "Pedra Magnética", da seção "Proêmio: Agenda Sem Data", de Jaa Torrano (*Divino Gibi. Crítica da Razão Sapiencial*, p. 18).
68 Os versos integram o poema "Nome", do livro *Expirais*, de 2017 (M. Tápia, *Refusões. Poesia 2017-1982*, p. 95).
69 Os versos adaptam (por vezes, parafraseiam) excertos de Werner em "Da Tradução" (HICW, p. 46).

e volto ao instante anunciado no quadro luzente:
"'a poesia é, ela mesma, a permanência
do mundo dos heróis: congela o momento
da morte de um guerreiro cujo nome,
sem ela, desapareceria. Resta ao guerreiro
participar de um poema no qual a violência
é, de alguma forma, transformada em beleza.'"[70]
Ouvimos, depois, esta fala do Atrida a Nestor, na
Ilíada, em versos livres por Christian ditados:
"'De novo vences os filhos de aqueus no discurso, ancião.
Oxalá, por Zeus pai, Atena e Apolo,
tivesse eu dez conselheiros aqueus desse porte:
então rápido se vergaria a cidade do senhor Príamo,
conquistada e pilhada por nossas mãos.
Dores deu-me, porém, Zeus, o Cronida porta-égide
que me lança em brigas e disputas infrutíferas.
Pois eu e Aquiles, por causa de uma jovem, pelejamos
com palavras confrontantes [...]'"[71]
Tem lugar, logo após, evocando a violência feita beleza,
o dito de Aquiles, divino, para Heitor, já caído:
"'Morra, meu finamento receberei quando quiser
Zeus completá-lo; ele e os outros deuses imortais.'"[72]

Sobre o trabalho, esclarece Werner sua busca:
"procuro conferir às traduções
as características principais
de clareza, fluência e poeticidade.
A estranheza – necessária para que
o leitor sinta que entra num mundo muito
diferente do seu – não deve impedir
que se entre no mundo que é recriado.

---

[70] Os versos adaptam (por vezes, parafraseiam) excertos de Werner em "Uma Poética da (I)Mortalidade", na introdução de sua tradução à *Ilíada* (Ibidem, p. 25).
[71] Ibidem, II, 370-374, p. 115.
[72] Ibidem, XXII, 365-366, p. 609.

A 'linguagem especial' se mostra
pelo uso de adjetivos compostos por
justaposição, para reprodução dos epítetos:
'caro-a-Ares', 'alvos-braços', 'doma-cavalo'..."[73]

E Christian prossegue a leitura, a nós, dos versos seguintes,
que congelam cena terrível depois de morte violenta:
"Falou, puxou a lança brônzea para fora do cadáver,
colocou-a ao lado e retirou as armas dos ombros,
sangrentas. Outros filhos de aqueus afluíam em volta
e contemplavam o porte e a beleza admirável
de Heitor: todo que dele se acercava o feria."[74]

Finda a fala, chamamos ao centro da tela
a vivaz Adriane Duarte, a dar sua voz à poeta
inglesa Alice Oswald. "Ela, em sua obra
Memorial. An excavation of the Iliad", diz-nos Adriane,
"relê a *Ilíada* da perspectiva dos guerreiros que morrem
no poema homérico, dando destaque às vítimas da guerra.
Com isso, celebra sua memória, diluída ao longo
da epopeia, em que a ira de Aquiles pontifica.
Memorial é um poema contínuo sem pontuação,
cuja primeira seção consiste em uma litania de nomes
de 213 homens (e um cavalo, Pédaso)
mortos no decorrer do poema de Homero."[75]
Segue-se a estrofe inicial de *Memorial*, traduzida:
"O primeiro a morrer foi PROTESILAU
Um homem lúcido que se lançou na escuridão
Com quarenta naus negras deixou para trás sua terra
Homens zarparam com ele daquelas colinas floridas

---

[73] Os versos adaptam excertos de Werner (Ibidem, p. 44n).
[74] Ibidem, XXII, 367-371, p. 609.
[75] Os versos adaptam excertos de Duarte, incluindo parte de citação, traduzida, de Carolin Hahnemann (A.S. Duarte, Memorial. A Ilíada Residual de Alice Oswald, *Revista Re-Produção*, n. 5, disponível em: <http://www.casaguilhermedealmeida.org.br>.)

Onde a relva tudo regenera
Píraso Íton Ptéleo Ántron
Morreu em pleno ar pulando o primeiro para a praia
Deixou a casa meio-erguida
A esposa do lado de fora a arranhar a face
Podarco seu irmão menos dotado
Assumiu o comando mas isso já faz tempo
Jaz agora sob a terra negra há mais de mil anos"[76]

Imersos no mais presente dos tempos, temos notícia,
ligados às ondas fluentes do oceano das redes virtuais,
de possível contato, voltado ao futuro,
com Trajano Vieira, que ora anuncia sua *Ilíada*,
inédita, a ser publicada no ano corrente;
a nosso pedido, o tradutor oferece
a atual versão de seus versos para cena de Príamo e Aquiles:
"'Sê pio, Aquileu, respeita os numes, lembra
de teu pai! Sou merecedor de mais piedade,
pois suportei no mundo o que ninguém suporta,
beijar a mão do matador do próprio filho.'
No herói desperta o anseio de chorar o pai.
Tomando suas mãos, acomodou o ancião.
A dupla rememora, um lamenta Heitor
massacrador, prostrando-se aos pés de Aquiles,
que ora pranteia o pai, ora pranteia Pátroclo.
E seus gemidos ecoavam pela casa.
Prazer do pranto saciado, coração
e corpo já vazios de qualquer anseio,
o herói sentou no trono, alçando a mão do velho,
comiserando a coma branca, a barba branca.
Enfim lhe dirigiu alígeras palavras:
'Muita tristeza pesa em teu coração.
Quanta ousadia vir sozinho às naus argivas

[76] Ibidem.

e olhar nos olhos quem matou inumeráveis
filhos! Um coração de ferro tens em ti.'"[77]

E, ao fim da jornada, em momento de volta ao início
de tudo, evocam-se os versos primeiros da *Ilíada*:
"A fúria, deusa, canta, do pelida Aquiles,
fúria funesta responsável por inúmeras
dores aos dânaos, arrojando magnas ânimas
de heróis ao Hades, pasto de matilha e aves.
O plano do Cronida se cumpria, desde
o momento em que a lide afasta o atrida, líder
do exército, de Aquiles. Mas que nume impôs
a desavença aos dois? O filho de Latona
e Zeus, que extravasando bile contra o rei
alastra peste amarga no tropel, e a turba
morre. […]"[78]

Ao despedirmo-nos, todos, com alma tranquila,
entrevimos mosaicos de cenas vibrantes: desenhos
densos da *Ilíada* recriada em quadrinhos velozes
pela Tereza Virgínia Ribeiro Barbosa
e por Andrezza Caetano e Paulo Correa[79];
em balões flutuantes, os ditos ecoam – por obra
de Hermes, Apolo e Memória, que a tudo assistiam –
em nossas mentes sensíveis, viventes de corpo e de alma.

---

77 *Ilíada*, XXIV, 503-521. (HITV).
78 *Ilíada*, I, 1-11. (Ibidem.)
79 Referência a *Ilíada de Homero: Tradução em Quadrinhos*.

Referências do Anexo

Traduções das Obras de Homero

HOMER
[HODBM/TWA] *Iliad: Homeri Opera in Five Volumes*. Edited by David Binning Monro and Thomas William Allen. Oxford: Oxford University Press, 1920. Disponível em: <http://www.perseus.tufts.edu>. Acesso em: ago. 2021.

HOMERO
[HICW] *Ilíada*. Tradução de Christian Werner. São Paulo: Ubu, 2018.
[HIMOM] *Ilíada*. Tradução de Manuel Odorico Mendes. Prefácio e notas verso a verso de Sálvio Nienkötter. São Paulo: Ateliê; Campinas: Unicamp, 2008.
[HICAN] *Ilíada*. Tradução em versos de Carlos Alberto Nunes. Rio de Janeiro: Edições de Ouro, [s.d.].
[HITV] *Ilíada*. Tradução de Trajano Vieira. São Paulo: Editora 34, 2020.
Ilíada de Homero: Tradução em Quadrinhos. Tradução de Tereza Virgínia Ribeiro Barbosa, Andreza Caetano, Paulo Corrêa e Piero Bagnariol. Belo Horizonte: RHJ, 2012.

Outras

ALVARENGA, Manuel Inácio da Silva. *Obras Poéticas*. Introdução, organização e fixação de texto de Fernando Morato. São Paulo: Martins Fontes, 2005.
ANTUNES, Carlos Leonardo Bonturim. Três Modos de Recepção dos Clássicos. *Revista Re-Produção*, n. 5, 2018. Disponível em: <http://www.casaguilhermedealmeida.org.br> Acesso em: mar. 2019.
CAMPOS, Haroldo de. Da Tradução Como Criação e Como Crítica. In: TÁPIA, Marcelo; NÓBREGA, Thelma Médici (orgs.). *Haroldo de Campos – Transcriação*. São Paulo: Perspectiva, 2013.
____. *Ilíada de Homero*. São Paulo: Mandarim, 2002. V. 1.
____. *Ilíada de Homero*. São Paulo: Arx, 2002. V. 2.
____. *Crisantempo*. São Paulo: Perspectiva, 1998.
____. Para Transcriar a Ilíada. In: HOMERO. *Mênis: A Ira de Aquiles*. Tradução de Haroldo de Campos e Trajano Vieira. São Paulo: Nova Alexandria, 1994.
____. *Signantia quasi coelum. Signância Quase Céu*. São Paulo: Perspectiva, 1979.
____. *Xadrez de Estrelas. Percurso Textual 1949-1974*. São Paulo: Perspectiva, 1976.
DUARTE, Adriane da Silva. Memorial. A Ilíada Residual de Alice Oswald. *Revista Re-Produção*, n. 5, 2018. Disponível em: http://www.casaguilhermedealmeida.org.br. Acesso em: mar. 2019.
ELIADE, Mircea. *Mito e Realidade*. São Paulo: Perspectiva, 1972.
HESÍODO. *Teogonia: A Origem dos Deuses*. Tradução de Jaa Torrano. São Paulo: Iluminuras, 2003.
LOPES, Daniel Rossi Nunes. *Xenófanes de Cólofon. Fragmentos*. São Paulo: Olavobrás, 2003.
MALTA, André. *A Astúcia de Ninguém: Ser e Não Ser na Odisseia*. Belo Horizonte: Impressões de Minas, 2018.
____. *A Selvagem Perdição: Erro e Ruína na Ilíada*. São Paulo: Odysseus, 2006.

NUNES, Carlos Alberto [1938]. *Os Brasileidas*. São Paulo: Melhoramentos, 1962.

OLIVA NETO, João Angelo. Breve Anatomia de um Clássico. In: VIRGÍLIO. *Eneida*. Tradução de Carlos Alberto Nunes. Organização, apresentação e notas de João Angelo Oliva Neto. São Paulo: Editora 34, 2014.

____. O Hexâmetro Datílico de Carlos Alberto Nunes: Teoria e Repercussões. *Revista Letras*, n. 89, 2014.

____. *O Livro de Catulo*. Tradução, introdução e notas de João Angelo Oliva Neto. São Paulo: Edusp, 1996.

RAMOS, Péricles Eugênio da Silva. Os Princípios Silábico e Silábico-Acentual. *O Verso Romântico e Outros Ensaios*. São Paulo: Conselho Estadual de Cultura, 1959.

TÁPIA, Marcelo. *Diferentes Percursos de Tradução da Épica Homérica Como Paradigmas Metodológicos de Recriação Poética*. Tese (Doutorado em Letras), USP, São Paulo, 2012. Disponível em: <www.teses.usp.br>. Acesso em: mar. 2019.

____. Iliadeia: Um Périplo da "Ilíada" Traduzida no Brasil (Ensaio Ficcional). *Classica, Revista Brasileira de Estudos Clássicos*, São Paulo, v. 32, n. 1, 2019.

____. *Refusões. Poesia 2017-1982*. São Paulo: Perspectiva, 2017.

____. Poemas Irlandeses. *Cadernos de Literatura em Tradução*, n. 7, 2006.

TORRANO, Jaa. *Divino Gibi. Crítica da Razão Sapiencial*. São Paulo: Annablume, 2017.

____. *A Esfera e os Dias*. São Paulo: Annablume, 2009.

____. A Dialética Trágica na Oresteia de Ésquilo. In: ÉSQUILO. *Agamêmnon*. Tradução de Jaa Torrano. São Paulo: Iluminuras, 2004.

WERNER, Christian. Da Tradução. In: HOMERO. *Ilíada*. Tradução de Christian Werner. São Paulo: Ubu, 2018.

____. Introdução. In: HOMERO. *Ilíada*. Tradução de Christian Werner. São Paulo: Ubu, 2018.